Praxis de los derechos de la personalidad

Coordinadores:
Elvia Lucía Flores Ávalos
Luis Alberto Gonsen Gálvez
Ximena Pérez García
César Balcázar Bonilla

V|LEX INFORMACIÓN JURÍDICA INTELIGENTE

UNIVERSIDAD AUTÓNOMA DE TLAXCALA
CENTRO DE INVESTIGACIONES JURÍDICO-POLÍTICAS

UNIVERSIDAD AUTÓNOMA BENITO JUÁREZ DE OAXACA

Primera edición: agosto de 2018

Praxis de los derechos de la personalidad
La Colección
Formación Práctica de la Investigación Jurídica

Coordinadores:
Elvia Lucía Flores Ávalos
Luis Alberto Gonsen Gálvez
Ximena Pérez García
César Balcázar Bonilla

Coordinadora de la colección: Elvia Lucía Flores Ávalos
Cuidado de la edición: Alejandrina Díaz Sánchez
Formación y diseño: Luis Manuel Reyes Tello

ISBN de la colección: 978-607-97739-4-6
ISBN del volumen: 978-607-97739-5-3

México, D. F.
V|LEX
Hecho en México

ÍNDICE

LOS DERECHOS AL HONOR Y AL OLVIDO

Derecho al honor

El derecho al olvido

Derecho al olvido. reputación

VIDA PRIVADA, PROTECCIÓN DE DATOS E IMAGEN PERSONAL

La protección de datos personales: El caso Google México ante el IFAI

PRESENTACIÓN

La colección "Formación práctica de investigación jurídica" está creada por alumnos de distintas universidades y centros de estudio a nivel licenciatura y posgrado, con el objetivo de realizar pequeños ensayos sobre el acontecer cotidiano en áreas del derecho civil y familiar que se presentan no sólo en nuestro sistema jurídico, sino en otros sistemas. Dichos acontecimientos implican nuevas formas de integración del derecho.

La intención de la serie es conocer los aconteceres de la vida cotidiana; así, a través de una nota periodística se desarrollan trabajos jurídicos donde el buen uso del lenguaje escrito, el orden, la técnica y la metodología de investigación sirven para motivar en los alumnos el interés por investigar instituciones jurídicas, y su interacción con la realidad.

Los trabajos aquí presentados son motivo de concursos realizados en las materias impartidas por su servidora como en las materias sustantivas de bienes y derechos reales, obligaciones, responsabilidad en servidores públicos, derecho de familia, y técnicas jurisprudenciales en materia civil.

El conocimiento no tiene fronteras ni escudos, por ello los alumnos que participan en estos trabajos son tanto de licenciatura como de maestría, de instituciones públicas y privadas como la Universidad Nacional Autónoma de México; la Universidad Autónoma de Oaxaca, Benito Juárez; la Universidad Autónoma de Tlaxcala; la Universidad Cristóbal Colón, de Veracruz; La Universidad del Valle de México y el Centro de Estudios de Formación Profesional del Poder Judicial de Hidalgo.

La experticia es grata; la labor es mucha, porque nos tomamos el tiempo de organizar el trabajo individual, de integrarlo en temas y bloques para trasmitir el conocimiento de forma ordenada, de enseñar en la práctica la importancia de la forma, y el fondo en la investigación, las etapas editoriales de un libro, su registro, publicación y difusión.

Los que hemos dirigido tesis, nos hemos percatado que no importa cuántas clases de metodología hayan tomado los estudiantes, aún les falta, pues llevarlo a la práctica es diferente. Por ello creo importante el esfuerzo, sentarse con cada estudiante para acompañarlo en el desarrollo de su trabajo con tranquilidad, paciencia, prudencia y motivarlo por el camino de la excelencia; no sólo por una calificación, sino para su satisfacción personal, y para el mejor desarrollo de sus trabajos en la especialidad, la maestría y el doctorado. Si esta técnica y utilización adecuada de las herramientas informáticas se aprenden desde los primeros semestres de la carrera, entonces tendremos mejores profesionistas y mejores tesis.

En un principio, la idea era sólo motivar, enseñar y trasmitir los conocimientos. Pero dejarlo así, no era correcto; también debía publicarse y V/LEX nos dió la oportunidad de publicarlo en línea. Se convirtió en un proyecto desde el aula a las instituciones, es también invitación a universidades y centros de estudio interesados a participar con su logo, así como otras asociaciones o fundaciones académicas que buscan la excelencia en el aprendizaje.

No todos los trabajos fueron seleccionados, sólo aquellos que dentro de lo bueno son los mejores. Qué mejor motivación para un alumno que su esfuerzo sea una publicación con su nombre, Yo sólo coordino la idea, proporciono información, enseño y trasmito lo que he aprendido en mi carrera académica y administrativa —principalmente como profesora, investigadora y funcionaria de la Universidad— y me comprometo con su impresión y difusión en los mejores términos posibles.

Hasta ahora tenemos los siguientes títulos: 1. Praxis de los derechos de la personalidad. 2. Familia y libertad. 3. Decisión judicial y su impacto en el derecho civil. 4. Responsabilidad de servidores públicos. En la opinión de un discente. 5. Límites actuales al derecho de propiedad. 6. Las servidumbres.

En cada título, la coordinación la comparto con mis alumnos, mismo que es grato y más motivante. Soy la guía. La creatividad está en ellos. Por eso es un gusto presentar *Praxis de los derechos de la personalidad*. Este tema surge del tema de los actos ilícitos como fuente del derecho de las obligaciones, en particular de los daños a las personas, del daño moral, del tema de los derechos de la personalidad y la forma de reparar el daño.

Este libro tiene catorce artículos, todos de estudiantes de licenciatura de la Facultad de Derecho de la UNAM. La obra se divide en cinco secciones: 1) La eutanasia como derecho de la personalidad; 2) Los derechos al honor y al olvido; 3) Vida privada, protección de datos e imagen personal; 4) Integridad física, y 5) Igualdad y no discriminación.

Son casos y circunstancias reales, acontecimientos mediáticos que conllevan el estudio de la protección de derechos en las relaciones entre particulares. En la actualidad existe de manera acentuada la protección de los derechos fundamentales, que implica la actuación del Estado dentro de los límites establecidos por el derecho, pero ¿qué pasa cuando es una persona común y no la autoridad la que no respeta, por ejemplo, mi privacidad o mi imagen? Estos temas son responsabilidad civil y protección a la persona en el ámbito privado, más allá del público. De estos temas trata este libro: casos prácticos, actuales que motivan el estudio ordenado de los temas y proponen soluciones no previstas dentro del sistema de reparación del daño establecidos en la ley civil.

Elvia Lucía Flores Ávalos

LA EUTANASIA COMO DERECHO DE LA PERSONALIDAD

EUTANASIA. VOLUNTAD ANTICIPADA

Ximena Pérez García[1]

SUMARIO: I. ¿QUÉ SON LOS DERECHOS DE LA PERSONALIDAD? II. ¿QUÉ ES LA EUTANASIA? III. ¿POR QUÉ SE CONSIDERA UN DERECHO DE LA PERSONALIDAD? IV. FUENTES.

I. ¿QUÉ SON LOS DERECHOS DE LA PERSONALIDAD?

Los derechos de la personalidad son aquellos que pretenden garantizar a todas las personas humanas el goce y el respeto de su identidad e integridad en todas sus manifestaciones: físicas y espirituales; asimismo, tienen el fin de asegurar el correcto desenvolvimiento de su vida, también el desarrollo de su individualidad.

Estos derechos surgieron hace cientos de años con el objeto de respetar la dignidad, que es inherente al hombre, y otorgar protección a cada persona en su calidad de ente único e irrepetible, con peculiaridades propias e intransferibles dentro del aglomerado social, aunque debemos tener presente que estos derechos paulatinamente han ido adquiriendo mayor importancia en la doctrina y en la legislación.[2]

1 Estudiante de Derecho en la Facultad de Derecho prestadora de servicio social en el Instituto de Investigaciones Jurídicas de la Universidad Nacional Autónoma de México.

2 *Cfr.*, Galindo Garfias, Ignacio, *Derecho civil. Primer curso*, México, Porrúa, 2014, pp. 322 y 323.

Grosso modo, podemos decir que las características de los derechos de la personalidad son oponibles a terceros, innatos, personalísimos, extrapatrimoniales, irrenunciables, intransferibles e imprescriptibles.

Se pueden clasificar en dos grupos: a) los derechos a la *integridad espiritual de la persona*, que contemplan el derecho a la igualdad, al honor, a la imagen, a la voz, a la protección de datos personales, a la privacidad de hechos, situaciones e información y derecho a la identidad y a la individualidad; b) los *derechos de la integridad física de la persona*, que son: el derecho a la vida, a las operaciones quirúrgicas, a recibir tratamientos y exámenes médicos, a la disposición del cuerpo, y a la libertad sexual y pro creacional.[3]

Dentro de la clasificación de derechos a la integridad física, como ya hemos comentado, existe el derecho a la disposición del cuerpo, el cual, a su vez, se subdivide, y uno de los temas que engloba es el derecho a morir. La problemática que muchas personas se han planteado es saber si tenemos derecho al suicidio o a la eutanasia, y en qué casos se puede consentir que una persona disponga de su vida. ¿Se debe vituperar a una persona que asiste a otra al momento de cumplir su última voluntad? ¿Cómo debe llevarse a cabo?

II. ¿Qué es la eutanasia?

La palabra "eutanasia" proviene del griego *eu* (bueno) y *thanos* (muerte). La Real Academia de la Lengua Española la define como "acción u omisión que, para evitar sufrimiento a los

3 *Cfr.*, Flores Ávalos, Elvia Lucía, *Responsabilidad civil derivada de las prácticas genéticas*, México, Porrúa- UNAM, 2011, pp. 107 y 108.

pacientes desahuciados, acelera su muerte con su consentimiento o sin él".[4]

Jorge Meza Pérez expresa al respecto que la *buena muerte*, en su acepción contemporánea, tiene que ver con el concepto de libertad, y agrega que si el único derecho absoluto es la libre voluntad, entonces debe existir un derecho a decidir sobre la propia muerte en caso de necesidad.[5]

Sergio Cotta, por su parte, exige que las definiciones de eutanasia contemplen cuatro puntos:

a) Que se decida voluntariamente por el sujeto.
b) Que sea reclamada por un tercero.
c) Que no sea configurable como el rechazo de medios curativos extraordinarios o inciertos respecto a su capacidad curativa.
d) Que no sea configurable como eutanasia lenitiva[6].

Por lo tanto, se podría definir a la eutanasia como el consentimiento que da una persona enferma o un tercero en su representación (velando por el interés del enfermo), para que otra persona (personal de la salud necesariamente) pueda cumplir su voluntad de dar fin a su vida, y a su vez sea asistida para ello, ya sea de manera activa o pasiva, siempre y cuando se encuentre afectado por una enfermedad terminal,

4 "Eutanasia", en *Diccionario de la lengua española,* 8 de mayo de 2015, consultado en http://buscon.rae.es/drae/srv/search?val=eutanasia.

5 Meza Pérez, Jorge, "Eutanasia", en Ferrer Mac-Gregor, Eduardo *et al., Diccionario de derecho procesal constitucional y convencional,* México, Poder Judicial de la Federación-UNAM, Instituto de Investigación Jurídicas, 2014, pp. 652 y 653.

6 *Cfr.*, Cotta, Sergio, "Aborto y eutanasia: un confronto", *Dirritto e corporeitá,* Milán, Jaka Book SpA, 1984, pp. 15 y 16, http://boocks.google.com.mx traducción, ibidem, p. 653.

con el fin de cesar su sufrimiento y evitar el menoscabo de su dignidad.

La eutanasia se puede clasificar en:

a) Voluntaria. Se realiza a petición del paciente con su consentimiento informado.
b) No voluntaria. Se le practica a un paciente en estado de coma irreversible o con trastornos incurables.
c) Activa. El médico administra un medicamento o una droga que acelera la muerte del paciente.
d) Pasiva. Se le retiran a la persona, por el padecimiento terminal, los aparatos y medicamentos que lo mantenían con vida.[7]

III. ¿POR QUÉ SE CONSIDERA UN DERECHO DE LA PERSONALIDAD?

La eutanasia, desde mi punto de vista, se considera un derecho de la personalidad, porque el fin de ésta es la protección de la dignidad de la persona hasta el último momento de su vida, otorgando así la posibilidad de decidir si desea continuar bajo tratamientos médicos con los que puede prolongar su vida; o bien, dejar de recibirlos y permitir que la naturaleza continúe su curso, evitando que se prolongue el sufrimiento de la persona.

Se considera que el paciente mayor de edad, y lúcido, tiene la libertad de rechazar el tratamiento que le propongan, cualquiera que sea su motivo, aun cuando ello ponga en peligro su vida. El médico no podrá forzar a la persona, y deberá respe-

7 Cano Valle, Fernando, *Temas humanísticos y jurídicos,* México, UNAM, Instituto de Investigaciones Jurídicas, 2005, p. 111.

tar la autonomía del paciente,[8] es decir, en ningún momento se debe olvidar que esta decisión es personalísima, pues la voluntad de la persona de disponer de su cuerpo y vida, en caso de padecer una enfermedad incurable, debe ser respetada tanto por los familiares como por los médicos, y todas las demás personas, en el entendido de que de no hacerlo, se estaría generando un daño moral y/o material que implica una responsabilidad. Sin embargo, el caso en el que la persona estuviera inhabilitada para manifestar su voluntad, algún familiar o representante legal podrá solicitar que se le aplique la eutanasia, velando por el interés superior de la persona.

Actualmente, catorce estados de la República mexicana cuentan con una Ley de Voluntad Anticipada; en el caso del Distrito Federal, los ordenamientos jurídicos que pueden ser aplicables son: la *Ley de Voluntad Anticipada para el Distrito Federal*, el *Código Civil del Distrito Federal* y la *Ley de Salud del Distrito Federal.*

> ¿Muerte digna o agonía prolongada?
>
> Aunque en el país, 14 estados cuentan con una Ley de Voluntad Anticipada, esta figura es usada poco por pacientes con enfermedades terminales.
>
> María tenía cáncer de páncreas, ya estaba desahuciada, experimentaba fuertes dolores y no deseaba seguir con el tratamiento, pero sus hijos, en el afán de "hacer lo posible", lograron que éste continuara.
>
> "Por egoísmo prolongamos su dolor tres meses", lamenta su hija Velia.
>
> En el país, 14 estados cuentan con la Ley de Voluntad Anticipada, un recurso que permite a cualquier persona —enferma o no— dejar por escrito cómo quiere ser atendida en caso de un padecimiento terminal.

8 Adorno, Roberto, *Bioética y dignidad de la persona,* Madrid, Tecnos, 1998, pp. 152 y 153.

> "A pesar de que libera a los parientes de tomar esa difícil decisión y el enfermo se asegura de que sea respetada su última voluntad, esta figura aún se usa poco" señala Gina Tarditi, experta en duelo del Instituto Nacional de Cancerología (INCAN).[9]

La señora María tenía el derecho de expresar su voluntad, de no continuar recibiendo tratamientos médicos a través de un documento de voluntad anticipada,[10] suscrito ante notario, o bien, ante el personal de salud y dos testigos; de esta manera, se habría evitado que sus hijos intervinieran y ella hubiese podido morir dignamente.

Una vez suscrito el documento, ella misma o la persona que quedara como representante podría solicitar (y en su caso exigir) el cumplimiento de las disposiciones contenidas en los documentos, pudiendo incluir en él los cuidados paliativos:[11] las medidas mínimas ordinarias,[12] la sedación controlada y el tratamiento tanatológico,[13] en caso de que todo ello fuera necesario; además, la señora podría exigir que no se recurriera a la obstinación terapéutica, ya que lo que ella buscaba era que cesara su sufrimiento y se le permitiera morir.

---

9 Soto, Dulce, "¿Muerte digna... o agonía prolongada?", *Reforma*, 3 de mayo de 2015, consultado en http://busquedas.gruporeforma.com/reforma/.

10 Todo lo relativo a la forma en que debe realizarse este documento está previsto en la *Ley de Voluntad Anticipada de Distrito Federal*.

11 Cuidados paliativos: el cuidado activo y total de aquellas enfermedades que no responden a tratamiento curativo e incluyen el control del dolor, y otros síntomas, así como la atención psicológica del paciente (artículo 3o. de la *Ley de Voluntad Anticipada del Distrito Federal*).

12 Medidas mínimas ordinarias: consisten en la hidratación, higiene oxigenación, nutrición y/o curaciones del paciente en etapa terminal, según lo determine el personal de salud correspondiente (artículo 3o. de la *Ley de Voluntad Anticipada del Distrito Federal*).

13 Tanatología: es la ayuda médica y psicológica brindada tanto al enfermo en etapa terminal como a los familiares de éste, a fin de comprender la situación y las consecuencias de la aplicación de la ortotanasia (artículo 3o. de la *Ley de Voluntad Anticipada del Distrito Federal*).

Ahora bien, si alguien interviniera e impidiera que el deseo de María se cumpliera, aun existiendo el documento de voluntad anticipada, estaría dañándola, y por lo tanto, se le obligaría a responder del daño moral y material que se le hubiera generado, de acuerdo con lo establecido en el capítulo "De las obligaciones que nacen de actos ilícitos", del *Código Civil del Distrito Federal.*

Si el personal de salud fuera el que se negara a otorgarle la eutanasia, la señora podría ejercer una acción para dar inicio a un juicio civil ordinario con fundamento en el capítulo del *Código Civil* que se mencionó anteriormente, y en caso de conseguir una resolución favorable, podría exigir el cumplimiento de su voluntad.

No debe perderse de vista que, si la eutanasia existe, es para permitir a las personas conservar su dignidad e integridad hasta el fin de su existencia; aunado a ello, la previa expresión de la voluntad del afectado, respecto al destino de su vida, pues evita poner a los familiares y personas allegadas al paciente en un dilema tan complicado como lo es el decidir si alguien debe o no continuar con su vida.

IV. Fuentes

1. Libros

ADORNO, ROBERTO, *Bioética y dignidad de la persona*, Madrid, Tecnos, 1998.

CANO VALLE, FERNANDO, *Temas humanísticos y jurídicos*, México, UNAM, 2005.

COTTA, SERGIO, "Aborto y eutanasia: un confronto", en *Dirritto e corporeitá*, Milán, Jaka Book SpA, 1984.

GALINDO GARFIAS, IGNACIO, *Derecho civil. Primer curso*, México, Porrúa, 2014.

FLORES ÁVALOS, ELVIA LUCÍA, *Responsabilidad civil derivada de las prácticas genéticas*, México, Porrúa-UNAM, 2011.

HOOFT, PEDRO FEDERICO, *Bioética y derechos humanos*, Buenos Aires, Lexis Nexis, 2004.

MEZA PÉREZ, JORGE, "Eutanasia", en Ferrer Mac-Gregor, Eduardo *et al.*, *Diccionario de derecho procesal constitucional y convencional*, México, Poder Judicial de la Federación-UNAM, 2014.

2. NOTAS PERIODÍSTICAS

SOTO, DULCE, "¿Muerte digna... o agonía prolongada?", *Reforma*, 3 de mayo de 2015, consultado en: http://busquedas.gruporeforma.com/reforma/.

3. LEGISLACIÓN

CÓDIGO CIVIL DEL DISTRITO FEDERAL.

LEY DE VOLUNTAD ANTICIPADA PARA EL DISTRITO FEDERAL.

4. PÁGINAS DE INTERNET

"Eutanasia", *Diccionario de la lengua española*, 03 de mayo de 2015, consultado en: http://buscon.rae.es/drae/srv/ search?val=eutanasia.

EUTANASIA. CASO SUE RODRÍGUEZ

César Balcázar Bonilla[1]

"Cada quien es dueño de su propia muerte, y lo único que podemos hacer, llegada la hora, es morir sin miedo ni dolor". Gabriel García Márquez

SUMARIO: I. CONCEPTOS FUNDAMENTALES RELATIVOS A LA EUTANASIA. II. CASO PRÁCTICO SOBRE LA EUTANASIA. III. PROPUESTA DE SOLUCIÓN AL CONFLICTO PLANTEADO. IV. FUENTES.

La intención de este breve trabajo es resumir de una manera concisa, aspectos fundamentales e inherentes a la eutanasia, relacionándolos con un caso práctico, con el objetivo de aportar una opinión jurídica sobre este controvertido tema.

I. CONCEPTOS FUNDAMENTALES RELATIVOS A EUTANASIA

¿Qué significa la palabra eutanasia? Desde un punto de vista etimológico deriva de las palabras griegas *eu* (bueno) y *thánatos* (muerte). Obtenemos como resultado identificar a la eutanasia como la "buena muerte", lo cual, evidentemente, no dice mucho, y por el contrario, nos sitúa lejos de su comprensión.

---

1 Estudiante de Derecho en la Facultad de Derecho de la Universidad Nacional Autónoma de México y prestador de servicio social en el Instituto de Investigaciones Jurídicas.

Existen ciertos elementos necesarios que deben estar presentes para la actualización de la noción de eutanasia. El primero es el denominado sujeto pasivo o paciente, quien es "el enfermo con plena capacidad de obrar que, encontrándose en una situación terminal y en perfecto conocimiento de sus historial clínico y circunstancias, libre y voluntariamente solicita la muerte con el fin de aliviar sus insoportables dolores".[2] Un elemento más para que se actualice la figura de la eutanasia es la piedad, es decir, debe presentarse la empatía de una persona por otra en un estado de sufrimiento. Un componente adicional es el sujeto activo, quien es la persona que realiza las acciones encaminadas a terminar con la vida de otra que sufre permanentemente, por motivos de empatía. "La eutanasia prácticamente significa lo que se ha denominado como *homicidio por compasión*, es decir, el provocar la muerte de otra persona por piedad, debido a los continuos sufrimientos que padece o atendiendo a su deseo de morir por las razones que considere oportuno".[3] Así, el componente final de la fórmula de la eutanasia es la actividad misma, realizada por una persona, sea acción u omisión, encaminada a terminar con la vida de otra por razones de piedad, previa solicitud de esta última. En palabras de la autora Marcos del Cano: "consiste en provocar por acción u omisión, directa o indirecta, la muerte de un enfermo terminal bajo el requerimiento de éste".[4]

Así, con lo que hemos analizado hasta ahora, podemos establecer que la eutanasia es la actividad que realiza una persona motivada por razones de piedad y empatía mediante una acción o una omisión que tenga como resultado la muerte de

---

2 Marcos del Cano, Ana María, *La eutanasia, estudio filosófico jurídico*, Madrid, Marcial Pons, 1999, pp. 65-67.

3 Sánchez Jiménez, Enrique, *La eutanasia, estudio ante la moral y el derecho*, Sevilla, Universidad de Sevilla, 1999, p. 26.

4 Marcos del Cano, Ana María, *op. cit.*, p. 69.

otra persona con una enfermedad terminal, o incurable, con un dolor permanente e intolerable, quien previamente ha solicitado ayuda para terminar con su vida, y además, que tenga la plena capacidad mental para poder decidir sobre esta cuestión.

II. Caso Práctico sobre la eutanasia: el derecho a morir[5]

A continuación se expone un caso práctico relacionado con nuestro tema. Se trata de una noticia publicada en la revista *Voices of Mexico*, y que plantea el caso de Sue Rodríguez, quien solicitó a la Corte canadiense que se le permitiera realizar la eutanasia debido a que sufría de una enfermedad incurable, que insoslayablemente le causaría una muerte atroz.

> El caso de Sue Rodríguez.
>
> El 30 de septiembre de 1993, la Suprema Corte de Canadá le negó a la paciente Sue Rodríguez el derecho a morir con el auxilio de un asistente médico profesional. Ella sufría una enfermedad denominada esclerosis lateral amiotrófica, enfermedad incurable que se caracteriza por la parálisis muscular progresiva que desemboca en la muerte por asfixia de quien la sufre.
>
> Su petición específica fue que el personal médico profesional le proveyera los medios tecnológicos adecuados para terminar con su vida de forma indolora cuando ella así lo decidiera y que la persona encargada de asistirla no fuera procesada judicialmente por haberla ayudado a morir. Su petición fue negada por el tribunal por un estrecho margen de cuatro votos a favor y cinco en contra.

5 Vázquez García, Verónica, "The Right to Die", *Voices of Mexico*, México, abril-junio de 1995, núm. 31, pp. 64-65 (la traducción es propia).

Su enfermedad había sido diagnosticada en agosto de 1991 a sus casi 40 años de edad. En noviembre de 1992 solicitó al gobierno federal canadiense que los asistentes médicos profesionales que proporcionan ayuda a pacientes con una enfermedad incurable para terminar con su vida no fueran juzgados criminalmente. En diciembre del mismo año, Sue Rodríguez llevó su caso ante la Suprema Corte de la Columbia Británica, la cual negó el derecho al suicidio asistido[6] en dos ocasiones después de ser apelada la primera decisión.

En marzo de 1993, el Parlamento canadiense rechazó la iniciativa de considerar la legalización de la eutanasia y el suicidio asistido con 25 votos a favor y 140 en contra. Es en mayo del mismo año cuando Sue Rodríguez lleva su caso ante la Suprema Corte Canadiense. A pesar de basarse en lo establecido en el artículo 7o. del *Bill of Rights en Liberties*, el cual protege el derecho de cada persona a la vida, a la libertad y a la seguridad, para el mes de septiembre la causa estaba perdida. John Sopinka, uno de los jueces cuyo voto fue en sentido negativo, argumentó que el deber del *Bill of Rights en Liberties* es proteger el carácter sagrado de la vida.

Sue Rodríguez murió el 12 de febrero de 1994 desafiando la decisión de la Corte. De acuerdo con el departamento de policía, la causa de muerte fue suicidio asistido. Su familia y amigos evitaron a toda costa hablar sobre lo sucedido y se negaron a revelar el nombre del médico involucrado. Svend Robinson, miembro del Parlamento por parte del *New Democratic Party*, también ignoró la decisión de la Corte y fue una de las dos personas que estuvieron con Sue al momento de su

6 Consideramos que el término utilizado en nuestro caso práctico, *suicidio asistido* es incorrecto, ya que debemos descartar al suicidio como un sinónimo de eutanasia, puesto que el suicidio es la acción de una persona que tiene como consecuencia terminar con su propia vida, y ya que es imperante que para la actualización del fenómeno eutanásico se necesitan al menos dos personas distintas, podemos establecer que el suicidio es un fenómeno distinto al de la eutanasia. Suicidio: la muerte producida por la propia víctima (auto-ejecución). Marcos del Cano, *op. cit.*, p. 45.

muerte. El caso de Sue Rodríguez recibió una amplia atención por parte de los medios de comunicación, el gobierno, la academia y muchas organizaciones de base. La prensa la convirtió en una de las personalidades más populares de 1993 y la designó como el caso más importante del año en la Suprema Corte.

Por su parte, el Ministro de Justicia, Allan Rock, aseveró que la decisión de la Corte en relación con la petición de Sue Rodríguez generó toda una reevaluación de la posición gubernamental con respecto de la eutanasia. Organizaciones de médicos de todo el país hicieron un llamado al debate público y el sector académico denominó el derecho a morir y el suicidio asistido como la cuestión moral más importante de la década de los noventas. Los periódicos estaban repletos de cartas a favor y en contra del derecho a morir de Sue Rodríguez; mientras tanto, Erwin Kirckhahn, un hombre de 51 años con la misma enfermedad invitó a reporteros a su suicidio público como medio de protesta ante la decisión de la corte. Posteriormente se retractó de esto y dijo que cometería suicidio de manera privada. Kirckhahn murió algunos meses después por causas naturales.

Desde un inicio, Sue Rodríguez recibió apoyo moral y económico de parte de la Sociedad Canadiense del Derecho a Morir, de la Coalición de personas de la Columbia Británica con Discapacidades y del grupo Morir con Dignidad, entre otros. Estas organizaciones defienden el deseo del paciente de morir con el fin de terminar con una enfermedad incurable, dolor o sufrimiento incontrolables. Estas organizaciones argumentan que la calidad de vida debería ser considerada al suministrar un tratamiento médico. Las personas que suministran dicho tratamiento deberían tener en cuenta el grado que sufrimiento que le causará al paciente en lugar de intentar prolongar la vida a toda costa. Afirman además, que el individuo debería tener control sobre su muerte, de la misma forma que debería tener control sobre su vida. Defienden el derecho a morir de

> una manera digna en el momento elegido por el mismo individuo en cuestión. Tal y como Sue lo expuso días antes de la decisión de la corte: "¿Si yo no puedo decidir sobre mi propia muerte, entonces de quién es este cuerpo, de quién es esta vida?"

A pesar de esto, no se debe olvidar que casos como el de Sue Rodríguez, a quien la Suprema Corte negó el derecho a morir, sucederán de nuevo si el Parlamento falla en tomar una posición clara con respecto a la eutanasia. Como Svend Robinson dijo unos días después de la muerte de Sue Rodríguez: "Los políticos no pueden continuar escondiéndose detrás de las cortes y las leyes que fueron escritas en 1892".

III. Propuesta de solución al Conflicto Planteado

El caso de eutanasia de Sue Rodríguez no ha sido el único ni será el último en el mundo. No se trata de un evento aislado, simplemente se trata de una situación controvertida que causó revuelo a partir de su difusión en los medios masivos. Por ello, resulta menester que el debate sea replanteado desde una perspectiva abierta y tolerante. No son ahora los años noventa. El caso de Sue Rodríguez fue un parteaguas en su momento, debido a la noción doble-moralista que permeaba la época.

Como bien se plantea en el caso, el debate recae sobre la colisión entre la autonomía de la libertad y los valores aceptados como válidos en una realidad social. El problema de la eutanasia es una cuestión médica y ética, pero sobre todo es un tema social, y por lo tanto, un problema jurídico. Al plantearse situaciones sociales, el derecho se enfrenta ante el problema de tener que regular dicha realidad, y en la medida de lo posible, darle una solución. Así, el dúo entre el legislador y el juzgador debe verse conjugado una vez más para poder proponer y adecuar la ley a la realidad social. Lejos de existir una solución al problema de la eutanasia existen muchas posibles propuestas que deben ser analizadas en relación con cada persona.

El derecho, en casos como estos, consiste en extender el campo jurídico lo más amplio posible. No se trata de criminalizar a toda costa una actividad que se realiza todos los días, como se establece en la nota, pero tampoco es posible que se otorgue plena libertad a cualquier persona para llevarla a cabo. Se deben establecer parámetros, límites que permitan a los juzgadores interpretar y aplicar la ley conforme a los casos concretos. El juzgador debe analizar las circunstancias específicas de cada uno de los pacientes para poder determinar si es conveniente la realización de una actividad tan controvertida como la eutanasia. En última instancia, lo que el juzgador debe hacer, no es solucionar un conflicto de reglas, sino ponderar sobre una colisión de principios entre la autonomía de la voluntad y el derecho a la vida. Retomando a Robert Alexy "Los principios son normas que ordenan que se realice algo en la mayor medida posible, en relación con las posibilidades jurídicas y fácticas. Los principios son, por consiguiente, mandatos de optimización que se caracterizan porque pueden ser cumplidos por diversos grados, y porque la medida ordenada de su cumplimiento no sólo depende de las posibilidades fácticas, sino también de las posibilidades jurídicas".[7]

Como se mencionó en la primera parte de este texto, existen circunstancias fundamentales tanto objetivas como subjetivas que deben presentarse para poder hablar de eutanasia, si

---

7 Alexy, Robert, "Sistema jurídico, principios jurídicos y razón práctica", *Revista Doxa*, trad. de Manuel Atienza, España, 1988, http://www.biblioteca.org.ar/ libros/141737.pdf.

estas circunstancias se presentan, debe entonces analizarse el caso con extrema atención y ponderar respecto del grado en que debe aplicarse un principio determinado, en ese sentido, no podemos hablar de estar a favor o en contra de la eutanasia, sino de estudiar cada caso concreto para determinar qué es lo que debe prevalecer, si el derecho a la vida de cada individuo sin importar la calidad de ésta, o el derecho a morir dignamente.

IV. Fuentes

1. Libros

KRAUSS, ARNOLDO, "¿Qué es y qué no es la eutanasia?", en Soberón, Guillermo y Feinholz, Dafna, (comps.), *Muerte digna: una oportunidad real,* México, Secretaría de Salud-Comisión Nacional de Bioética, 2008.

MARCOS DEL CANO, ANA MARÍA, *La eutanasia*, estudio filosófico jurídico, Madrid, Marcial Pons, 1999.

PABST BATTIN, MARGARET, *The least worst death*, essays in bioethics on the end of life, Estados Unidos, Oxford University, 1994.

SÁNCHEZ JIMÉNEZ, ENRIQUE, *La eutanasia*, estudio ante la moral y el derecho, España, Universidad de Sevilla, 1999. Sotelo Salgado, Cipriano, La legalización de la eutanasia, México, Cárdenas Velasco Editores, 2004.

2. Revistas

ALEXY, ROBERT, "Sistema jurídico, principios jurídicos y razón práctica", *Revista Doxa*, trad. de Manuel Atienza, España, 1988, http://www.biblioteca.org.ar/libros/141737.pdf.

VÁZQUEZ GARCÍA, VERÓNICA, *"The Right to Die"*, *Voices of Mexico*, México, núm. 31, abril-junio de 1995.

VOLUNTAD ANTICIPADA. DERECHO A CUIDADOS PALIATIVOS

Lilian Elideth Rosas Reyes[1]

SUMARIO: I. LA VIDA, DERECHO DE LA PERSONALIDAD. II. PERCEPCIONES SOBRE LA EUTANASIA EN EL MUNDO. III. REGULACIÓN EN MÉXICO. IV. NOTICIA. V. FUENTES.

I. LA VIDA, DERECHO DE LA PERSONALIDAD

En materia de derecho, la vida es el espacio de tiempo que corre desde el nacimiento hasta la muerte.[2] El derecho a la vida es considerado un derecho de la personalidad, del que todo individuo goza, de gran importancia, y cuyo límite es la muerte. Este derecho interesa a juristas de la mayor parte del mundo, a través de las leyes, se ha intentado la protección más adecuada. Fue también considerada en un tiempo como algo sagrado, otorgado por Dios o la Naturaleza.

Es un derecho en el que se abordan muchos temas, debatidos hoy en día, como el aborto, el suicidio o la eutanasia. Temas que trascienden por un largo tiempo hasta hoy en día, y donde entran pregunta como la siguiente: ¿si tengo derecho a la vida, también tengo derecho a disponer de ella?

---

1 Estudiante en la Facultad de Derecho de la Universidad Nacional Autónoma de México y prestadora de servicio social en el Instituto de Investigaciones Jurídicas, de la UNAM.

2 Eriche, Joaquín, "Vida", *Diccionario razonado de legislación y jurisprudencia,* http:// biblio.juridicas.unam.mx/libros/libro.htm?l=364, consultado el 5 de julio de 2015.

Como todo derecho de la personalidad, el objeto principal es garantizar el derecho a la vida por medio de una regulación en un ordenamiento jurídico, permitiendo así que se nos conceda el goce de nosotros mismos.

En el ámbito médico y legal, el derecho a la vida ha sido reconocido ampliamente. La Convención Europea de Derechos Humanos declaró en 1953 "El derecho a vivir de cada uno debe ser protegido por la ley, nadie puede ser privado de la vida intencionalmente, sólo en el caso de pena capital decretada por una corte de acuerdo con las leyes".[3]

En el ámbito de la filosofía, Herbert Marcure define la Cultura y la Humanización, en primer lugar, por el esfuerzo colectivo de proteger la vida.[4]

II. Percepciones sobre la eutanasia en el mundo

Como derecho de la personalidad, la vida es de gran importancia y magnitud en donde se le pretende brindar protección y reconocimiento en los ordenamientos jurídicos. Es por eso que la aceptación de la eutanasia ha creado diversas discusiones que dividen a los juristas del mundo, debido a sus diversas concepciones del hombre.

Dentro de estas discusiones entra el tema de la dignidad humana, que es un concepto que se manifiesta, paradójicamente, tanto para los que están a favor como para los que están en contra. Algunos reducen esta dignidad al disfrute de una calidad de vida, conciencia o capacidad de autodeterminación. Por el contrario, otros ven la dignidad como el valor intrínseco que posee todo ser humano, independientemente

3 Convención Europea de Derechos Humanos.

4 Pérez, Víctor, *Eutanasia ¿Piedad? ¿Delito?*, México, Limusa, 2008.

de sus circunstancias, edad, condición social, estado físico o psíquico.[5]

El movimiento PRO-VIDA, que se opone a la legislación del testamento vital, ha estado presente durante un largo tiempo en diversas partes del mundo, con argumentos que van desde el punto de vista médico, jurídico, filosófico, hasta el religioso. Una opinión en contra, como la del doctor C. Everett Koop,[6] quien manifestó que bajo el concepto de eutanasia, puede esconderse el fraude, el engaño y la superchería en los casos de personas que quieren liberarse de pacientes ancianos y enfermos para evitar la carga de tener que mantenerlos o para cobrar una herencia.

Jerry Falwell, de Virginia Estados Unidos, fundador del grupo religioso fundamentalista "La Mayoría Moral", definió su actitud respecto al derecho a morir, haciendo hincapié en que él mismo y todo el mundo tenía que hacer todo lo posible por encontrar un sentido a la vida: es cierto que la depresión y el abatimiento son problemas muy graves en el caso de los pacientes terminales, pero se les debe ayudar enseñándoles a vivir, en lugar de permitir que opten por la muerte. Por tanto, debemos ser muy cautelosos con el derecho a morir. Lo mejor es orientarnos hacia la vida.

En Holanda, país donde se ha aceptado la eutanasia de manera más radical, se han ocupado de la cuestión jurídica desde 1973, con el fin de que los médicos puedan cumplir con una serie de normas sin ser penados por la ley.

---

5 Nombela, César, *La eutanasia: perspectiva ética, jurídica y médica,* http://eprints. ucm.es/11693/1/La_Eutanasia_perspectiva, consultado el 5 de julio de 2015.

6 Cirujano pediatra que se hizo famoso en 1974, cuando separó con éxito a dos bebés siameses en el Hospital Infantil de Filadelfia.

En 1949 el doctor Leo Alexander fue el primero en dar a conocer esta lucha, su artículo "La ciencia médica bajo la dictadura", decía lo siguiente:

> Los holandeses tuvieron la prudencia de no dar el primer paso; actuaron unánimemente, y al final ganaron. Si la profesión médica de un pequeño país, bajo el yugo del ocupante, pudo resistir de forma tan eficaz, es evidente que los médicos alemanes también hubieran podido resistir si no hubieran dado el primer paso fatal. Parece ser que este primer caso —en apariencia sin importancia— en contra de los principios, con frecuencia conduce a una carrera de crímenes. El inicio de la degeneración tiene proporciones microscópicas.[7]

Esta idea fue tomada desde la Segunda Guerra Mundial, y como reflexión, la diferencia entre los médicos de los Países Bajos y sus colegas alemanes es, que estos últimos actuaban bajo las órdenes del gobierno nazi, mientras que los holandeses rechazaron todas esas ideas crueles.

Las percepciones, aportaciones, actitudes que se han ido dando conforme pasa el tiempo, provocan la evolución hacia una perspectiva cada vez más abierta respecto al tema de la eutanasia. Nos damos cuenta que la muerte prohibida se ha convertido en una muerte tolerada en algunos países. Se intenta profundizar en la idea de la humanización y el reconocimiento de la dignidad humana, y afrontar la muerte de manera que se deje atrás el miedo, y se dé ayuda a los moribundos para tener una muerte más aliviada.

Gracias a los progresos tecnológicos y científicos, parece que nos conducimos hacia una época en la se actúa sobre la muerte, y no la muerte sobre nosotros. La humanidad debe replan-

7 *Cfr.* Humphry, Derek y Wickett, Ann, *El derecho a morir, comprender la eutanasia*, España, Fabula Tusquets Editores, 2005, pp. 218- 226.

tearse el carácter absoluto del postulado sobre del valor sagrado de la vida, puesto que durante una época la obligación ética y jurídica de proteger y preservar la vida estuvo clara: la vida era sagrada y su mera existencia exigía respeto y protección.

En sentido etimológico, la palabra eutanasia (*euthanatos*) significa muerte placentera, muerte tranquila o muerte sin sufrimiento. Sin embargo, hoy en día ya no se habla de eutanasia para referirse a la "buena muerte" su significado original. Se le menciona raramente para caracterizar la interrupción de tratamientos que han dejado de ser útiles, o la administración de cuidados paliativos.[8]

III. Regulación en México

En México se reconoce la atención médica a enfermos en fase terminal y el derecho a decidir que no le den más tratamientos, los cuales ya no le sirven para curarse, y que prolongan su vida y su sufrimiento.

El avance es que el paciente tiene la seguridad de que se le respetará ese derecho. Los médicos tienen la certeza de que si el paciente muere, por renunciar a sus tratamientos, ellos no tendrán un problema legal.

Este paso se cristalizó en México con la Ley de Voluntad Anticipada —en 2008, en el Distrito Federal— y fue seguida de otras leyes estatales, y una reforma federal a la Ley General de Salud en Materia de Cuidados Paliativos, que establecen lo mismo.

---

8 *Cfr.* Blanco, Luis, *Muerte digna, consideraciones bioético-jurídicas*, Argentina, Ad-Hoc, 1997, pp. 105 y 106.

Según esta legislación, el paciente debe recibir tratamientos que le den alivio, es decir, los cuidados paliativos que atiendan sus necesidades físicas, psicológicas, sociales y espirituales.

Ahora ya tenemos una ley, pero falta mucho en cuanto al desarrollo de los cuidados paliativos en el país.[9]

IV. Noticia

> Habilita Sedesa brigadas de cuidados paliativos
>
> El secretario de Salud del Gobierno de la Ciudad de México, Armando Ahued Ortega, informó que en el marco del programa de Voluntad Anticipada, se han habilitado 16 Brigadas de Cuidados Paliativos para la atención en su domicilio a adultos mayores y otros pacientes enfermos y en etapa terminal.
>
> Señaló que para el año 2030, la proporción de adultos de más de 60 años llegará al 20 por ciento en la Ciudad de México, es decir se triplicará en relación al porcentaje actual, por ello la SEDESA a través de "El Médico en Tu Casa" impulsa los programas de Voluntad Anticipada y Cuidados Paliativos que tienen como propósito beneficiar la calidad de vida de este sector.
>
> Mediante esta estrategia —explicó— se lleva la atención de un médico, tanatólogo, enfermera a fin de que le brinden cuidados paliativos para quitar el dolor al paciente en sus últimos momentos de vida.
>
> Precisó que de 140 personas con enfermedad terminal, son atendidos actualmente 90, el resto fallecieron y sus familias han agradecido el apoyo de la atención, la cual tiene como propósito que esos pacientes puedan morir en sus domicilios y

9 Álvarez, Asunción, "Debate sobre la eutanasia, con elementos racionales", en *Ciencia*, UNAM-DGDC, http://ciencia.unam.mx/leer/288/Debate_sobre_ la_eutanasia_con_elementos_racionales_Asuncion_Alvarez_del_Rio, consultada el 10 de julio de 2015.

> no en una cama de un hospital, a veces solos y en una sufrida terapia intensiva, comentó.[10]

La Ley General de Salud, en su artículo 2o. se mencionan algunas disposiciones que son relativas a la Ley de Voluntad Anticipada en materia de ortotanasia.

Aunque se han hecho buenos esfuerzos para materializar estas leyes, aún tenemos un largo camino por recorrer. Aprovechar la tecnología es un buen paso.

Lo más importante es tomar en cuenta a la persona que está a punto de morir, debe recibir la información adecuada acerca de cómo se regula el tema en dichas leyes para tomar una decisión libre.

Jean Luis Baudouin y Danielle Blondeau[11] en su libro *Muerte digna* señalan dos exigencias básicas: debida información y libre adhesión, que se desdoblan conformando cuatro elementos: revelación (adecuada y veraz) de la información, comprensión de la información, consentimiento voluntario y competencia (capacidad) para consentir.

V. Fuentes

1. Libros

PÉREZ, VÍCTOR, *Eutanasia ¿piedad?, ¿delito?*, México, Limusa, 2008.

HUMPHRY, DEREK Y WICKETT, Ann, *El derecho a morir, comprender la eutanasia,* España, Fabula Tusquets editores, 2005.

---

10 Redacción AM, "Habilita SEDESA brigadas de cuidados paliativos", en *Al momento Noticias,* http://www.almomento.mx/habilita-sedesa-brigadas-de-cuidados-paliativos/, consultado el 10 de julio de 2015.

11 Baudin, Jean y Blondeau, Danielle, *La ética ante la muerte y el derecho a morir,* España, Herder, 1995, p. 89.

BLANCO, LUIS, *Muerte digna, consideraciones bioético-jurídicas,* Argentina, AD-HOC, 1997.

BAUDIN, JEAN Y BLONDEAU, DANIELLE, *La ética ante la muerte y el derecho a morir,* España, Herder, 1995.

2. NOTAS PERIODÍSTICAS

Redacción AM, "Habilita SEDESA brigadas de cuidados paliativos", en *Al Momento Noticias,* http://www.almomento.mx/habilita-sedesabrigadas-de-cuidados-paliativos/, consultada el 10 de julio de 2015.

3. LEGISLACIÓN

CONVENCIÓN EUROPEA DE DERECHOS HUMANOS

LEY GENERAL DE SALUD

4. PÁGINAS DE INTERNET

ERICHE, JOAQUÍN, "Vida", *Diccionario razonado de legislación y jurisprudencia,* http://biblio.juridicas.unam.mx/libros/libro.htm?l=364, consultado el 5 de julio de 2015.

NOMBELA, CÉSAR, *La eutanasia: perspectiva ética, jurídica y médica,* http://eprints.ucm.es/11693/1/La_Eutanasia_perspectiva, consultado el 5 de julio de 2015.

ÁLVAREZ, ASUNCIÓN, *Debate sobre la eutanasia, con elementos racionales,* Ciencia UNAM-DGDC, http://ciencia.unam.mx/leer/288/ Debate_sobre_la_eutanasia_con_elementos_racionales_Asuncion_Alvarez_del_Rio, consultada el 10 de julio de 2015.

LOS DERECHOS AL HONOR Y AL OLVIDO

DERECHO AL HONOR

Cecilia Sánchez Guzmán[1]

SUMARIO: I. DEFINICIÓN. II. DESARROLLO. III. NOTICIA. IV. ACCIONES DE DEFENSA. V. FUENTES.

I. DEFINICIÓN

1. DOCTRINA

Derecho de la personalidad que corresponde a la esfera o a la integridad espiritual de la persona. Intrínsecamente ligado a la persona desde su nacimiento.[2] Es uno de los bienes jurídicos más preciados de la personalidad humana, que puede ser considerado como el primero y el más importante de aquel grupo de derechos que protegen los matices morales de esa personalidad.[3]

2. JURISPRUDENCIA

Es un derecho fundamental que se encuentra integrado por dos aspectos o actitudes íntimamente conexionadas: el de la inmanencia o mismidad, representado por la estimación que cada persona hace de sí misma, y el de la trascendencia o

---

1 Estudiante de la Facultad de Derecho de la Universidad Nacional Autónoma de México.

2 Flores Ávalos, Elvia Lucía, *Responsabilidad civil derivada de las practicas genéticas,* México, Porrúa-UNAM, 2011, pp.196 y 197.

3 Castán Tobeñas, José, *Derecho civil español, común y foral,* t. I, 1984, vol. II, p. 398.

exterioridad, integrado por el reconocimiento que los demás hacen de nuestra dignidad.[4]

II. Desarrollo

1. Antecedentes del derecho de honor

Son antiguos los precedentes históricos del derecho de honor, cuyos rasgos se remontan a la República romana donde las personas que ejercían el poder político (como los magistrados y el senado) debían tener buen honor y excelente reputación. De igual forma, se ve plasmado en la Ley de las Doce Tablas; el fuero Juzgo también contiene principios sobre el honor. Santo Tomas sugirió el tratamiento de las cuestiones relativas a este derecho, y del mismo modo lo estudiaron las grandes universidades del Renacimiento: "En Alemania e Inglaterra se publica la existencia de estos derechos innatos y se hace general hablar de ellos como derechos fundamentales, consagrándose en la Declaración de los Derechos del hombre".[5]

Algunos códigos civiles han descuidado la tutela del honor como han descuidado en general la tutela de los derechos de la personalidad. El Código civil del Distrito federal no especifica el concepto del derecho de honor, pero sí habla de la reparación del daño ocasionado por este.

2. Aspectos del derecho de honor

La doctrina señala dos aspectos del derecho de honor:

---

4 Suprema Corte de Justicia de la Nación.

5 Concepción Rodríguez, José, *Honor, intimidad e imagen,* España, Bosch, 1996, p. 17.

Objetivo: es la reputación, buen nombre del que goza una determinada persona ante los demás. Se refiere a la valoración que las personas hacen sobre un sujeto.

Subjetivo: se entiende como la autoevaluación o el aprecio de la propia dignidad. Dicho de otra forma: es la estimación de la persona sobre sí misma en relación con la conciencia de la propia dignidad moral.

3. Elementos del concepto del derecho de honor

Xavier O´Callaghan Muñoz menciona que para hablar del derecho al honor hay que hablar de una serie de elementos que le afectan en su concepto: límites, ejercicio y protección.

A. Positivos

a. Aspecto interno y externo. El primero se refiere al sentimiento de la persona, y el segundo es la consideración que los demás tienen.

b. Divulgación. Consiste en el conocimiento del ataque al honor por terceras personas.

c. Expresión, información, opinión. La primera se refiere a las palabras, las frases que atentan contra el honor de las personas que pueden ser formalmente injuriosas; es decir, insultantes o innecesarias y ajenas al pensamiento, idea u opinión que expresan. La información se refiere a los hechos con los que se atenta el honor. La opinión es el juicio de valor que emite el autor. Atenta contra el derecho de honor si se basa en hechos falsos que apoyan tal opinión, o si en la opinión se mezclan expresiones difamatorias.

B. Negativos

a. Falta de la veracidad y su prueba. Una intromisión ilegítima en el derecho al honor de una persona, precisa como elemento la falta de veracidad en lo que se dice, porque si lo que se dice es verdad, no es que carezca de protección jurídica, sino que se carece de honor.

b. Falta de consentimiento. El consentimiento puede ser tácito, escrito, oral, expreso o indirecto.

C. Jurídicos

a. Delimitación por la ley. La protección del derecho de honor quedará delimitada por las leyes. No al honor en abstracto, sino supuestos concretos que pueden afectar al honor de una persona.

b. Delimitación por los usos sociales. No hay usos sociales que puedan exponerse para delimitar el honor.

c. Autorización o decisión de la autoridad. La autoridad competente puede autorizar la divulgación de un derecho que pueda afectar al honor de una persona, si bien será de acuerdo con las leyes.

d. Interés histórico, científico, o cultural: cuando exista este interés, no hay intromisión legítima.

4. Diferencia entre honor y fama

Algunos autores piensan que el honor y la fama son figuras semejantes, sin embargo no lo son.

> El honor esta intrínsecamente ligado a la persona desde su nacimiento, es indivisible, por lo que se cree que el honor es el respeto de la persona en sí, por el solo hecho de serlo, en cambio la fama son todas aquellas conductas, buenas o malas que realiza la persona a lo largo de su vida, y que influyen en la sociedad para formarse una opinión sobre ella.[6]

6 Flores Ávalos, Elvia Lucía, *Responsabilidad civil derivada de las prácticas genéticas*, México, Porrúa-UNAM, 2011, p. 198.

El honor está referido directamente al trato dado o recibido por los demás; en cambio, la fama es el rumor, la voz pública relacionada con el eco que la persona produce en la opinión pública.[7]

5. Reparación del daño moral producido por la lesión al honor

Un problema que los jueces y abogados enfrentan es la cuantía de la indemnización producida por la lesión al honor, ya que algunos consideran que la cantidad pedida por daño al honor es excesiva. Pero otros opinan lo contrario.

Nuestro Código Civil, en su artículo 1916, cita lo siguiente: "se entiende por daño moral la afectación que una persona sufre en sus sentimientos, afectos, creencias, decoro, honor, reputación, vida privada...".

Así mismo señala que el monto de la indemnización la declarara el juez tomando en cuenta los derechos lesionados.

III. Noticia

> El 18 de junio de 2010, V1, trabajador de la Comisión Federal de Electricidad, se encontraba en una calle de León Guanajuato, monitoreando las características eléctricas del voltaje y corriente en la red secundaria cuando cayó de la escalera desde la que estaba realizando diversas maniobras, lo cual causó su muerte. Ante esa situación, la Comisión Federal de Electricidad inició una investigación sobre los orígenes del siniestro, lo que derivó en que sus conclusiones fueran hechas del conocimiento del resto de los trabajadores a través de la emisión de un boletín, en el que se señalaron como causas de

7 De Castro Bravo, Federico, *Derecho civil español,* Madrid, Civitas, 1976, p. 25.

la muerte, entre otras, diversas de índole personal .En el boletín se describen los hechos, haciendo clausulas donde narra que V1 tenía "mala salud física", "temeridad", "altura, peso, fuerza inadecuada" y "problemas emocionales". Ante ello, el 3 de agosto de 2010, Q1, hermano del agraviado, presentó queja ante la Comisión Nacional de los Derechos Humanos.

Lo que motivó la queja de Q1 es que se vulneró el derecho al honor de su hermano, V1, con motivo de la referencia que se hizo a las causas del accidente. (Narradas en el boletín).Ya que Q1 afirma que se daña el honor del finado V1; al mencionar que este último tenía problemas emocionales.

En las evidencias sobre el procedimiento formal de investigación no hay elemento alguno que permita afirmar que en el accidente que le costó la vida a V1 incidieron algún tipo de causas personales. Simplemente fue la falta de pericia de V1, pero nunca problemas personales.

IV. Acciones de defensa

1. Demandaría a la CFE para resarcir el daño ocasionado.

2. Reparación del daño:

a. Solicitaría a la Comisión Federal de Electricidad que a través de un boletín aclaratorio, se esclarezcan las afirmaciones sobre las causas personales del accidente de V1, puesto que carecieron de sustento. Ya que la CFE vulneró en perjuicio de V1 su derecho al honor, previsto en el artículo 6o., primer párrafo, de la *Constitución Política de los Estados Unidos Mexicanos* en relación con los artículos 11.1 y 11.2, de la Convención Americana sobre Derechos Humanos; el artículo 17.1, del Pacto Internacional de Derechos Civiles y Políticos, y el artículo 12, de la Declaración Universal de los Derechos Humanos.

b. Disculpa a los familiares de V1 por medio del Boletín.
c. Se proceda a la reparación del daño causado a los familiares de V1 por medio de la atención psicológica necesaria, para que permita el restablecimiento de la condición en que se encontraban antes de la violación a los derechos humanos, referidos anteriormente.
d. Una indemnización económica equivalente a un año de salario del finado.

V. Fuentes

1. Libros

Castán Tobeñas, José, *Derecho civil español, común y foral,* t. I, vol. II, 1984.

Concepción Rodríguez, José, *Honor, intimidad e imagen,* España, Bosch, 1996.

Castro Bravo, Federico de, *Derecho civil español,* Madrid, Civitas, 1976.

Flores Ávalos, Elvia Lucía, *Responsabilidad civil derivada de las prácticas genéticas,* México, Porrúa-UNAM, 2011.

2. Notas periodísticas

Comisión Nacional de los Derechos Humanos, "Caso de la vulneración de los derechos al honor, la vida privada de v1 por parte de la comisión federal de electricidad". Recomendación núm. 70/2011.

3. Legislación

Código Civil del Distrito Federal.

4. Página de internet

Comisión Nacional de los Derechos Humanos, 29 de abril de 2015, consultado en: http://www.cndh.org.mx/sites/all/doc/Recomendaciones/2011/Rec_2011_070.pdf.

EL DERECHO AL OLVIDO

Emiliano Aguilar Sandoval[1]

SUMARIO: I. CONCEPTO DEL DERECHO AL OLVIDO. II. EL PAPEL DEL INTERNET EN EL DERECHO AL OLVIDO. III. ¿POR QUÉ SE CONSIDERA UN DERECHO DE LA PERSONALIDAD? IV. NOTICIA. V. CASO PRÁCTICO. VI. PROPUESTA. VII. FUENTES.

I. CONCEPTO DEL DERECHO AL OLVIDO

El derecho al olvido busca un equilibrio entre la libertad informática, el derecho a la identidad y una debida gestión dentro del manejo de datos personales. Este derecho no puede suponer un derecho a reescribir la propia historia a voluntad del interesado, pero sí puede suponer una limitación a esa perdurabilidad de la información propia de internet. La necesaria ponderación entre los distintos derechos y principios en juego dará lugar a las facultades y límites del derecho al olvido.

El autor Gomes Andrade considera que "solo olvidando las identidades pasadas podemos hacer que prevalezca la identidad real, el derecho a ser olvidado puede desarrollar un papel muy importante para que una persona pueda reconstruir su narrativa identitaria".[2]

1 Estudiante de la Facultad de Derecho de la Universidad Nacional Autónoma de México.

2 Gomes de Andrade, Norberto Nuno, "El olvido: El derecho a ser diferente... de uno mismo. Una reconsideración del derecho a ser olvidado", *IDP. Revista de Internet, Derecho y Política,* 2012, p. 4.

Hoy en día, el manejo o la dirección de la información en cualquier lugar del mundo se puede concebir como una fuente de poder que se puede utilizar en beneficio de la persona que la posee, si la utiliza en cuanto a sus propios intereses. La sociedad mexicana ha cambiado sustancialmente en las últimas décadas, pasó de ser una sociedad con libertades demasiado restringidas —debido a los regímenes autoritarios— a ser una sociedad con más libertades y derechos.

Actualmente gozamos de más libertades y derechos que en el siglo pasado, uno esos derechos es el derecho a la información.[3]

Es sorprendente el desarrollo tecnológico originado en el siglo XX y continuado en el siglo XXI, especialmente en el ámbito de internet. Es más que evidente que se ha modificado profundamente la forma entre la relación y sociabilización del ser humano, internet es una herramienta que ha traído innumerables ventajas para éste: la creación del comercio electrónico, la facilidad de comunicarse dentro de este mundo globalizado, la disponibilidad de una gran cantidad de textos académicos e investigaciones científicas y hasta la capacidad de poder realizar una operación quirúrgica sin tener que estar en contacto con el propio paciente. Por otro lado, sabemos que esta grandiosa herramienta resulta ser *un arma de doble filo*, ya que a pesar de todas las ventajas señaladas anteriormente, este recurso ha servido para facilitar el mercado de la venta de órganos, el fomento de la prostitución y de la pornografía infantil.

---

3 López-Ayllón, Sergio, "Democracia, Transparencia y Constitución: propuestas para un debate necesario", México, UNAM, Instituto Federal de Acceso a la Información, 2006, p. 161.

II. El papel del internet en el derecho al olvido

A pesar de la gravedad de los temas referidos, existe un problema al cual verdaderamente se necesita prestar atención: es en relación con la seguridad de los datos personales. Como bien sabemos, esta herramienta nos permite obtener, difundir, publicar o editar información de cualquier persona, lo que facilita la manipulación de perfiles personales que no sólo afecta a datos actuales, sino también históricos, de pasado reciente o lejano. Estos datos proyectan sobre la persona que recibe la información, una imagen de la identidad del individuo, que puede ser o no adecuada a su realidad o a la actualidad de su situación. Esta posibilidad entraña un riesgo para el libre desarrollo de la persona.

Antes del auge de la herramienta de internet, el tiempo y el espacio actuaban a modo de límites naturales, porqué permitían dejar atrás todos esos hechos del pasado que no son ya reflejo de nuestra personalidad. Internet, por el contrario, hace accesible gran parte de la información relativa al sujeto desde cualquier punto del planeta, y no permite olvidar.

Internet no olvida e impide que el resto olvide, la información que se publica en internet puede ser vista en el presente desde cualquier parte del mundo y perdurará siendo accesible ahora y en el futuro. Cuando dicha información afecta a datos personales existe un riesgo claro de que esa información descontextualizada provoque un peligro para la percepción social del sujeto al que esos datos se refieren. Información que, por otro lado, ha podido ser publicada por el propio titular, o al menos con su consentimiento, pero que puede haber sido recabada y tratada sin el conocimiento del afectado.

III. ¿POR QUÉ SE CONSIDERA UN DERECHO DE LA PERSONALIDAD?

Derecho al olvido. Derecho derivado del derecho fundamental a la libertad informática; nace en respuesta al fenómeno de internet y a dos de las características má s importantes de esta red de comunicación: su memoria absoluta y la universalización de la información que en ella se encuentra.

Internet, por tanto, pone en riesgo la libertad informática; esto es, la autodeterminación informativa y el control activo de los datos por parte del titular. Además, puede llegar a impedir al individuo dejar atrás hechos del pasado, que de no ser olvidados, pueden afectar a su presente, lo cual conecta el derecho al olvido con el derecho a la identidad, el derecho a respetar la imagen propia que uno quiere proyectar a la sociedad en el momento presente y que está configurada por los atributos y características que uno posee y que la sociedad percibe.

Existen muy pocos doctrinarios en nuestro país que han publicado algún artículo con relación al derecho al olvido. Las fuentes españolas poseen un contenido más rico en comparación con nuestro país. El doctor en derecho por la Universidad de Salamanca, Mario Hernández Ramos, establece "junto con el derecho a la libertad informática o protección de datos, de carácter más procesal, se circunscribe a la posibilidad de controlar los datos personales mediante el ejercicio de derechos de acceso, rectificación, cancelación y oposición; son los fundamentos del derecho al olvido".[4]

4 Hernández Ramos, Mario, "El derecho al olvido en internet como nuevo derecho fundamental en la sociedad de la información. Perspectiva constitucional española y europea", España, Quid Iuris, año 7, vol. 21, junio-agosto de 2013, P. 145.

El derecho fundamental a la protección de datos personales está alcanzando una relevancia cada vez mayor en la medida en que internet ha cobrado un indiscutible protagonismo en nuestras vidas, tanto a nivel personal como profesional, por ello es imprescindible delimitar claramente el contenido esencial de este derecho, las facultades que otorga a los titulares de los derechos personales y sus límites. Sin embargo, internet es una realidad que supera casi a diario las previsiones normativas y jurídicas que tratan de regularlo.

IV. Noticia

"Critican resolución por litigio de Google".[5]

La resolución del Instituto Federal de Acceso a la Información Pública y Protección de Datos (IFAI) contra de Google fue criticada por especialistas.

El Instituto ordenó desindexar la información de Carlos Sánchez de la Peña, en la que se da cuenta, que enfrenta una investigación por administración fraudulenta de alrededor de mil millones de pesos.

Durante el foro "Libertad de expresión y protección de datos personales" el académico del CIDE, Ricardo Raphael y el director de Artículo 19, Darío Ramírez consideraron que la determinación fue errónea debido a que no hubo una afectación a los derechos personales de Sánchez de la Peña y sí puede limitar la libertad de expresión.

Sánchez de la Peña presentó en septiembre del año pasado una denuncia ante el IFAI argumentando que Google había violado sus derechos ARCO (referentes al manejo de datos personales) al no haber desvinculado de su motor de búsqueda la información de la revista Fortuna en la que señala que el dinero defraudado fue desviado como donativo a la fundación

5 Herrera, Rolando, "Critican resolución por litigio de Google", en *Nacional de Reforma*, núm. 7, 744, edición diaria, 11 de marzo de 2015.

Vamos México, que encabezó la ex primera dama Martha Sahagún.

Darío Ramírez consideró que esta determinación del IFAI sienta un mal precedente porque abre la puerta a que políticos corruptos utilicen la misma ruta para evitar que la información lo les favorece sea bajada de la red, limitando con ello la libertad de expresión.

"Convocan a equilibrar derechos en internet"[6]

En internet debe existir un equilibrio de derechos entre el tratamiento de la información que hacen los motores de búsqueda y la protección de datos personales, consideró ayer Perla Gómez, presidenta de la Comisión de Derechos Humanos del Distrito Federal (CDHDF).

Cuando estos derechos entren en colisión, consideró, debe analizarse caso por caso y determinar, con base en las circunstancias particulares, qué derecho es el que debe garantizar.

"A nuestro entender, en principio no debe darse prioridad a ninguno de los dos derechos y debe analizarse cada asunto en específico, bajo un análisis de ponderación entre ellos", dijo.

Explicó que el análisis de cada caso es necesario porque si no se corre el riesgo de que la pluralidad y libertad que se tiene en la red se pueda ver amenazada por una especie de censura previa, que se haría a través del control de motor de búsqueda.

"Estamos conscientes de la delicadez y relevancia del tema, sobre todo cuando ambos derechos corren el riesgo de ser violentados, debemos tener la capacidad de no ser tentados por los extremos, por ejemplo, que los motores de su búsqueda se vuelvan un medio de censura previa, pero tampoco es deseable vulnerar la dignidad humana", advirtió.

María Solange Maqueo, académica del CIDE señaló que no existen reglas generales para resolver los casos de conflictos de derechos que se dan en la red.

---

6 Herrera, Rolando, "Convocan a equilibrar derechos en internet", en *Nacional de Reforma*, núm. 7,744, edición diaria, 11 de marzo de 2015.

V. Caso Práctico

Ciudad de México.[7] En un hecho sin precedentes, la Procuraduría General de Justicia del Distrito Federal fue obligada a pedir disculpas públicas a una persona a la que consideró, sin sustento, como homicida y uno de los delincuentes más buscados en la capital. La disculpa fué pública a través de un video para cumplir con las órdenes de la Sala Superior de lo Contencioso Administrativo del Distrito Federal, que resolvió un recurso de apelación relativo al juicio de nulidad. En la resolución, el órgano administrativo dio la razón a Arturo González Juárez quien fue exhibido por la procuraduría capitalina, entre el 20 de diciembre del 2008 y 18 de agosto del 2009, como homicida.

La PGJDF publicó, incluso, la fotografía de esta persona en la página oficial de la dependencia, en la que lo señaló como un hombre que contaba con orden de aprehensión por el delito de homicidio calificado. El ciudadano agraviado tramitó diversos recursos y fue el Quinto Tribunal Colegiado de Circuito del Centro Auxiliar de la Tercera Región con residencia el DF quien dictó una sentencia en la que determinó que la procuraduría capitalina violó los derechos humanos del ciudadano, pues éste no dio consentimiento para divulgar su información en la página de internet de la dependencia capitalina. La PGJDF capitalina divulgó el video en el que el Fiscal de Mandamientos Judiciales, Joel Alfredo Díaz Escobar, ofreció la disculpa pública a Arturo González Juárez. El fiscal confirmó que no hay ninguna persecución en su contra, ni se le considera sospechoso de la comisión de algún ilícito: "En el entendido de que el mandamiento judicial que existía en su contra ha sido cancelado, por lo que su nombre e imagen no

7 Sierra, Arturo, "Acta PGJDF disculpa por ventaneado en falso", en *Justicia de Reforma*, núm. 7,774, edición diaria, 10 de abril de 2015.

forman parte de lista alguna que lo vincule con la comisión de algún delito" se escucha en la grabación.

Ramón Ramos, abogado del afectado, señaló que además impugnaron una determinación judicial en la que se le obliga a pagar 34 mil pesos como concepto de compensación de daño moral.

VI. Propuesta

Al leer este caso en el periódico *Reforma*, inmediatamente me vino a la mente nuestro tema: "El derecho al olvido". Si hubiera sido mi cliente Arturo González Juárez, mi acción sería ante la autoridad civil para exigir la reparación por el daño moral. En este caso es evidente la afectación que mi cliente sufre en sus sentimientos, afectos, creencias, decoro, honor, reputación, vida privada y, además, en la consideración que de sí mismo tienen los demás. Presentando las pruebas periciales correspondientes en cuanto al daño psicológico que le causó darse cuenta que por tanto tiempo estuvo dentro de la lista de "los más buscados". Mi cliente no tenía una sola razón para que su nombre figurara en la lista de personas que poseen "mala fama" por haber incurrido en delitos muy graves que jamás hizo. Ante este panorama, se configuran los elementos del daño moral, ya que la autoridad realizó una omisión al no llevar una correcta investigación antes de agregar el nombre de mi cliente en la lista de los más buscados. La autoridad puede ser imputada por daño moral, además de que ésta se configura en su modalidad por culpa. Dentro de los daños económicos existen los daños y perjuicios que mi cliente sufrió, pues al no borrar su nombre de aquella lista, éste no pudo suscribir contratos con sus clientes, lo que le ocasionó la rescisión de más de cuatro contratos de prestación de servicios cuyo ingreso neto pudo ser de más de ocho millones de pesos para la realización de varios negocios, relacionados con la instalación de otra cadena de restaurantes, que mi cliente posee dentro del Distrito Federal. Como daños extraeconómicos y en relación con el "derecho al olvido" mi cliente difícilmente va a poder ser contratado por alguna empresa al estar dentro de una lista virtual que lo califica como delincuente de alta peligrosidad, de tal forma que además de ser impedido dentro de su proyecto de vida como empresario en el Distrito Federal, no podría realizar convenios con personas del extranjero ya que éstas lo identifican como delincuente, lo que provoca un severo impacto dentro de sus planes de crecimiento y expansión a otros países donde éste pudo haber sido contratado.

La compañía de mi cliente comenzaba un alza de manera continua, y a causa de la publicación de la lista empezó a declinar y le provocó la cancelación de varios contratos, debido al miedo que sus clientes les genera considerarlo erróneamente como uno de los "criminales más buscados".

Por esos motivos, además de pedir que se cubran todos los gastos y las costas que se ocasionen en este juicio, mi cliente exige la indemnización de reparación de daños, que evidentemente le generó la Procuraduría General de Justicia del Distrito Federal, con base en las pruebas periciales que evidencian un notable daño psicológico. Además, el proyecto de vida de mi cliente se vio transgredido al ser cambiado de dirección, tomando en cuenta todos los estudios que se le realizaron.

VII. Fuentes

1. Libros

Gomes de Andrade, Norberto Nuno, "El olvido: el derecho a ser diferente... de uno mismo. Una reconsideración del derecho a ser olvidado", IDP, *Revista de Internet, Derecho y Política,* 2012.

Hernández Ramos, Mario, *El derecho al olvido en internet como nuevo derecho fundamental en la sociedad de la información. Perspectiva constitucional española y europea,* España, Quid Iuris, año 7, vol. 21, junio-agosto de 2013.

López-Ayllón, Sergio, *Democracia, transparencia y Constitución: propuestas para un debate necesario,* México, Instituto de Investigaciones Jurídicas-Instituto Federal de Acceso a la Información, 2006.

2. Fuentes periodísticas

Herrera, Rolando, "Critican resolución por litigio de Google", en *Nacional de Reforma,* núms. 7 y 744, edición diaria, 11 de marzo de 2015.

———, "Convocan a equilibrar derechos en internet", *en Nacional de Reforma,* núm. 7,744, edición diaria, 11 de marzo de 2015.

DERECHO AL OLVIDO. REPUTACIÓN

Rachel Belper Ávila Rodríguez[1]

SUMARIO: I. ¿QUÉ SON LOS DERECHOS DE LA PERSONALIDAD? II. ¿QUÉ ES EL DERECHO AL OLVIDO? III. NOTICIA. IV. ELEMENTOS PARA LA REPARACIÓN DEL DAÑO DEL CASO CITADO. V. FUENTES.

I. ¿QUÉ SON LOS DERECHOS DE LA PERSONALIDAD?

Los derechos de la personalidad son los atributos que cada persona tiene sobre sí misma; tienen un carácter subjetivo,[2] ya que el propio individuo, en mi opinión, les otorga valor y significado muy personal.

Este tipo de derechos cuenta con ciertas características que son el respeto que al individuo, deben no sólo los particulares, sino también el propio Estado. El Estado otorga a los individuos los medios para poder luchar por el reconocimiento de éstos, ya que en la doctrina existen, pero en la realidad es difícil cuantificar la afectación que pueden sufrir, sino como comprobar estos daños ante un juez o alguna institución de gobierno.

Por otro lado, tienen un carácter limitado.[3] En este punto no difiero, ya que el uso o abuso de estos derechos no sólo pue

1 Estudiante de Derecho en la Facultad de Derecho en la Universidad Nacional Autónoma de México.

2 Mendoza, Lucía, *La acción civil del daño moral,* consulta electrónica de la Biblioteca Jurídica Virtual: http://biblio.juridicas.unam.mx/libros/8/3636/5.pdf, p. 28.

3 *Ibídem,* p. 29.

de afectar al orden social, también tenemos que ver hasta qué punto esto sólo cuenta como la disposición de nuestro propio cuerpo.

Si la ley no plantea límites, ¿podremos abrirnos la cabeza con ese pretexto, o se necesita cierta intervención para controlar el uso de estos derechos?

Si se interviene en estos derechos estamos limitando la libertad, pero a favor del ser humano. Entonces tendría un carácter válido. Todo debe ser controlado, a menos que seamos plenamente conscientes de que nadie abusará de ellos, lo cual es imposible asegurar.

Los derechos nacen con el ser humano, y parece que con el transcurso de los años la persona va tomando consciencia de éstos. Además, conforme nuestra sociedad evoluciona y la tecnología avanza, surgen nuevos elementos de nosotros mismos a los cuales por desconocimiento antes éramos indiferentes. Por otro lado, no sólo estos derechos son confusos o muy amplios, ya que en un caso en concreto, si afectamos la imagen de alguien más, no sólo puede recaer en la imagen misma, también en otros aspectos como el honor, el reconocimiento que la persona tenga ante la sociedad, etcétera. Eso causa más problemas porque la forma en cómo cada persona valora ciertos elementos de su personalidad, cambia de forma abrupta.

En otro aspecto, ¿cómo estimamos el daño a estos derechos? Creo que es uno de los puntos más complicados y genera más preguntas como: ¿cuánto cuesta nuestro dolor o sufrimiento? Podremos tener muchos peritos en psicología o medicina, pero hasta en los juicios es muy difícil acreditar dolencias emocionales, y más en este terreno, que no es muy conocido en nuestro sistema jurídico.

II. ¿Qué es el derecho al olvido?

Ahora bien, tomando en materia el derecho al olvido, éste me ha parecido en demasía interesante, ya que es considerado como un medio para corroborar si hay algún elemento de nuestro pasado o presente que nos afecte de tal forma que no podamos sobrellevar una vida tranquila, y por esto no podamos desarrollarnos de manera plena.[4]

En la noticia que a continuación se presentará, es fundamental que los niños afectados por el crimen organizado, sean merecedores de la plena libertad de poder exigir el derecho al olvido, ya que estos "huérfanos" tarde o temprano deberán enfrentarse contra un país que cada vez más se sumerge en un estado de decadencia e inseguridad total, además de tener como consecuencia la guerra contra el narcotráfico y la ausencia de sus padres, tendrán que vivir en una sociedad que es intransigente ante cualquier elemento extraño.

III. Noticia

> Se estima que en Chihuahua, uno de los estados más afectados por la narco-violencia, entre 8,000 y 12,000 menores se ven afectados por la delincuencia, según estadísticas de la Fiscalía Estatal.
>
> Miles de niños quedan en la orfandad al perder a alguno de sus padres durante un evento violento en Ciudad Juárez, México.
>
> Miles de niños y niñas pierden a diario a sus padres o a alguno de ellos durante un acto violento de la cruel batalla encabezada por el crimen organizado.

4 Atendiendo a la clasificación elaborada por Elvia Lucía Flores Ávalos, *Responsabilidad civil derivada de prácticas genéticas,* México, Porrúa, 2011, pp. 107 y 108.

Muchas de las víctimas, hombres y mujeres, suelen ser personas casadas y que habían procreado hijos, los cuales, al morir sus padres, quedan prácticamente en el desamparo y con un futuro incierto.

De acuerdo con un reportaje publicado en Periodismo Electrónico, la falta de atención de un menor huérfano por el crimen podría convertirlos en delincuentes o sicarios en potencia.

"Por lo menos 12.000 niños han perdido a uno o a sus dos padres. Ahorita es odio y deseo de venganza contra el que mató a sus papás, pero el día de mañana va a ser odio y deseo de venganza contra el Estado que permitió que los mataran", advirtió en 2011 Gustavo de la Rosa, visitador local de la Comisión Estatal de Derechos Humanos, en una entrevista para AFP.

De la Rosa especificó que las edades de las víctimas mortales oscilan entre los 17 y 35 años, y las parejas suelen tener tres hijos en promedio.

El especialista agregó que por el aumento de víctimas, se requiere de mayor soporte psicológico tanto para los menores desamparados, como para sus familias.

"Necesitamos con urgencia psicólogos que hayan tenido experiencia con niños de los Balcanes, de África", afirmó.

Y son estos mismos psicólogos los que conocen de primera mano el sufrimiento y el dolor de la víctima, y se convierten en testigos de miles de desgarradoras historias.

Experiencias como la que contó una profesionista que ayuda a las pequeñas víctimas al comentar el caso de un niño llamado Jorge de unos 6 años de edad que llenaba una alcancía simplemente con el objetivo de "comprar un cuerno de chivo" (un fusil AK 47) para matar a los asesinos de su papá.

Gobierno crea Fideicomiso de ayuda:

Al asumir su gestión el 4 de octubre de 2010, el gobernador César Duarte Jáquez se comprometió a ayudar a estos llamados "huérfanos de la delincuencia" y creó un Fideicomiso con un fondo de 100 millones de pesos (800 mil dólares) para responder a las necesidades de los menores desamparados.

> El Fideicomiso denominado "Fondo de Atención a Niños y Niñas Hijos de las Víctimas de la Lucha Contra el Crimen" (FANVI) fue establecido para brindar atención y apoyo de manera integral con calidad, calidez, respeto y prontitud en respuesta a las víctimas indirectas y sus familias de la lucha contra el crimen.
>
> Cabe destacar que este fondo de ayuda estatal no es excluyente, y se hizo para beneficiar a toda clase de niños, hasta los hijos de narcotraficantes y sicarios.
>
> De acuerdo a información no revelada al público por la Fiscalía de Chihuahua, cerca del 80 por ciento de los niños y niñas que serían apoyados por el estado provienen de familias desintegradas, principalmente por las actividades delictivas del padre, de la madre o de ambos.
>
> El otro porcentaje son hijos de padres que murieron circunstancialmente al estar en el lugar menos indicado, a la hora menos adecuada, en medio del fuego cruzado o por haber sido confundidos.[5]

Podríamos decir que es pensar demasiado acerca de las consecuencias sobre las acciones de un padre o una madre que no tuvieron los escrúpulos para poder llevar un "buen" camino; por lo tanto los resultados de sus acciones no sólo impactan su propia vida, también la de las personas que están a su alrededor. En este caso, con respecto a sus hijos, no sólo quedan desamparados y en situaciones penosas (ya que hay pocas cosas que la sociedad olvida), y que los padres de alguien sean asesinos, narcotraficantes y/o secuestradores son estigmas que siempre perseguirán a estos niños. Desde un principio se les ha quitado todo, ¿No debería ser fundamental y posible que no se tengan que enfrentar a un mundo que por

5 Coria Rivas, Carlos, "No sólo Cd. Juárez tiene niños víctimas de la violencia", http://www.periodismoelectronico.com/informacion-historica-notaschihuahua/2119-no-solo-cd-juarez-tiene-ninos-victimas-de-la-violencia.html, periodismo electrónico, 19 de octubre de 2015.

sus antecedentes los discrimine o disminuya únicamente por un pasado que ellos no pudieron controlar de forma alguna?

La noticia tiene énfasis en que existe un fideicomiso que además de ser empleado para los niños huérfanos (por ser hijos de las tan llamadas "víctimas colaterales"), también puede ser utilizado para ayudar a los hijos de "delincuentes". Mi pregunta sería: ¿por qué hacer énfasis en la diferencia? El derecho a no ser discriminados asoma su sombra aquí; se necesita tener bien claro que estos niños despojados de todo, tienen el derecho a no ser discriminados por ser o no hijos de un delincuente. Este factor no significa que terminarán teniendo los mismos problemas o conductas, el simple hecho de condicionar a un menor por sus antecedentes sanguíneos simplemente me parece una aberración.

Por otro lado, sé que son niños y que no se darán cuenta de todas las complicaciones con las que tendrán que lidiar en su vida, y van desde aquellos que tienen un padre o madre que asesinó a alguien hasta aquellos que tienen marcada la vida por llevar los apellidos de alguien "grande" dentro del mundo del narcotráfico. Por lo tanto, me pareció interesante el tema del derecho al olvido y también acerca del derecho a la igualdad. Me gustaría que en un futuro estos niños crezcan en un ambiente con los índices más altos de tolerancia, educación, y más elementos que complementen su crecimiento.

Es claro que en nuestra sociedad existen diversas complicaciones para poder llegar a una efectiva defensa y reparación de los daños que a la larga estos infantes tendrán que sufrir.

IV. Elementos para la reparación del daño del caso citado

a) Indemnización por daño moral ocasionado por cualquier caso de discriminación hacia los niños en esta condición de orfandad.
b) El pago de alimentos por parte del Estado.
c) Pago del costo del procedimiento jurisdiccional (aunque la administración de justicia tiene un carácter gratuito, en la realidad es muy caro el seguimiento de un juicio).
d) Además de la creación de más fideicomisos, se tendría que buscar la creación de una base de datos que otorgaría nuevas identidades a los hijos de delincuentes que protegería su identidad para lograr el mejor desarrollo de los infantes.
e) Otro elemento que podría ser pedido es, que los remates de los bienes muebles e inmuebles de los padres de estos infantes sean destinados para los fideicomisos que buscan la protección de los mismos.

V. Fuentes

1. Libros

Flores Ávalos, Elvia Lucía, *Responsabilidad civil derivada de prácticas genéticas*, México, Porrúa-UNAM, 2011.

Gutiérrez y González, Ernesto, *El patrimonio, el pecuniario y el moral o derechos de la personalidad y derecho sucesorio*, 3a. ed., México, Porrúa, 3a. ed. 1990.

Mendoza Martínez, Lucia Alejandra, *La acción civil del daño moral*, México, UNAM, 2014.

2. Notas periodísticas

Coria rivas, Carlos, "No sólo Cd. Juárez tiene niños víctimas de la violencia", en http://www.periodismoelectronico.com/informacion-historica-notas-chihuahua/2119-no-solo-cdjuarez-tiene-ninos-victimas-de-la-violencia.html, *periodismo electrónico,* 19 de octubre de 2015.

VIDA PRIVADA, PROTECCIÓN DE DATOS E IMAGEN PERSONAL

LA PROTECCIÓN DE DATOS PERSONALES: EL CASO GOOGLE MÉXICO ANTE EL IFAI

Sergio Moisés Gutiérrez Hernández[1]

SUMARIO: I. INTRODUCCIÓN. II. DEFINICIÓN DE DERECHO A LA PRIVACIDAD. III. RESEÑA HISTÓRICA. IV. EL CASO. V. FUENTES.

I. INTRODUCCIÓN

El objetivo del presente trabajo es ofrecer un análisis sobre el derecho a la privacidad dentro del rubro de los derechos de la personalidad contemplados en la actualidad con mayor relevancia en diversos tratados internacionales y constituciones de los Estados como un derecho fundamental, imponiendo límites a los órganos estatales en el manejo de información personal, referente a los datos de personas físicas o morales, aunque cabe destacar que también es posible encontrar dicho derecho de la personalidad en diversas legislaciones como una causal de responsabilidad civil, que es susceptible de ser reparada por distintas medidas como el caso de la reparación del daño moral, por citar algún ejemplo.

Por otra parte, proporcionaré diversas definiciones doctrinarias y de los tratados internacionales que abordan el cita-

1 Estudiante de Derecho en la Facultad de Derecho de la Universidad Nacional Autónoma de México.

do derecho de la personalidad, con la intención de tener un punto comparativo entre los diversos instrumentos jurídicos sobre el tema; y ofreceré una breve reseña histórica del derecho de la personalidad, para tener un punto de partida y comparar las diversas denominaciones que dicho derecho ha tenido a lo largo del tiempo.

Finalmente, expondré un caso práctico en donde proporcionaré las acciones procesales que a mi consideración serían aplicables a la controversia planteada en el mismo, para que de este modo, podamos llegar a una posible resolución que esté basada en fundamentos jurídicos basados en la Ley Federal de Protección de Datos Personales en posesión de particulares, y la parte relativa a la responsabilidad civil del Código Civil Para el Distrito Federal.

II. Definición del derecho a la privacidad

El derecho a la privacidad, desde mi punto de vista, podría entenderse como una limitante en el manejo de datos personales para aquellos que ostentan información de carácter privado, relativa a los atributos de la personalidad en el caso de las personas físicas, y de información confidencial establecida en los contratos sociales en el caso de las personas morales.

De acuerdo con Alonso Gómez Robledo y Lina Ornelas Núñez, el concepto de vida privada es una idea muy extensa y genérica que va a cubrir todo aquello que no deseamos que llegue a ser parte del conocimiento general de una sociedad en particular. Sin embargo, dentro de la esfera privada va a existir un núcleo que por lo general deseamos proteger con un empeño mucho mayor, por considerarlo inseparable de la esencia misma de nuestra propia persona, y ésto es lo que los citados autores entienden como concepto de intimidad.[2]

De acuerdo con Carlos Del Piazzo, "la protección de datos personales —entre los que debemos encuadrar aquellos que, unidos al individuo, se pueden considerar como características que definen a la persona y a su entorno, en su convivencia social— está suficientemente protegida en las nuevas legislaciones, mediante el derecho a la intimidad".[3] De acuerdo con Jean Carbbonier, la vida privada debe entenderse como el derecho del individuo a tener una esfera secreta de vida, de la que tenga el poder de alejar a los demás.[4] De acuerdo con Allan F. Westin la vida privada es el retiro voluntario y temporal de una persona que se aísla de la sociedad por medios físicos o psicológicos para buscar la soledad.

Como se puede ver es complicado ofrecer una definición concreta de vida privada, ya que en palabras de Eduardo Novoa, la conceptualización del citado derecho de la personalidad parece ser una dificultad insalvable, porque si se acude a ideas muy generales, aparte de que la definición queda muy poco indicativa de aquello a lo que se refiere, se arriba a una imprecisión que confunde el concepto definido con cosas que están fuera de él.[5]

Ahora bien, ya que se ha conceptualizado el citado derecho de la personalidad, me referiré a la inclusión del mismo dentro de una variedad de tratados internacionales, como es el

2 Gómez-Robledo, Alonso y Ornelas Núñez, Lina, *Protección de datos personales en México: el caso del Poder Ejecutivo,* México, 2006, p. 6. UNAM.

3 Del Piazzo, Carlos, "Relaciones entre privacidad y transparencia: ¿equilibrio o conflicto?", en *Los datos personales en México: Perspectivas y retos de su manejo en posesión de particulares,* México, Porrúa, 2012, p. 8.

4 Novoa Monreal, Eduardo, *Derecho a la vida privada y libertad de información. Un conflicto de derechos,* México, Siglo XXI Editores, 2001, p. 31.

5 *Ibídem.*, p. 32.

caso de la Declaración Universal de los Derechos Humanos de 1948, que en su artículo 12 sostiene que: "Nadie será objeto de injerencias arbitrarias en su vida privada, su familia, su domicilio o su correspondencia, ni de ataques a su honra o a su reputación. Toda persona tiene derecho a la protección de la ley contra tales injerencias o ataques".

De igual modo, el Pacto Internacional de Derechos Civiles y Políticos de 1966, en su artículo 17 establece que "1) Nadie será objeto de injerencias arbitrarias o ilegales en su vida privada, su familia, su domicilio o su correspondencia, ni de ataques ilegales a su honra y reputación. 2) Toda persona tiene derecho a la protección de la ley contra esas injerencias o esos ataques".

Asimismo, el artículo 11 de la Convención Americana Sobre Derechos Humanos establece que "Nadie puede ser objeto de injerencias arbitrarias o abusivas en su vida privada, en la de su familia, en su domicilio o en su correspondencia, ni de ataques ilegales a su honra o reputación. Toda persona tiene derecho a la protección de la ley contra esas injerencias o esos ataques".

En la órbita europea, el Convenio para la Protección de los Derechos Humanos y de las Libertades Fundamentales, del 4 de noviembre de 1950, en su artículo 8o. establece que "Toda persona tiene derecho al respeto de su vida privada y familiar, de su domicilio y de su correspondencia".

Por otra parte, la Carta Europea de Derechos Fundamentales, del 4 de diciembre de 2000 establece en su artículo 7o.: "Toda persona tiene derecho al respeto de su vida privada y familiar de su domicilio y de sus comunicaciones".[6]

---

6 Bayo Delgado, Joaquín, "Derecho comunitario sobre protección de datos", en *Derecho a la intimidad y nuevas tecnologías*, Madrid, Ediciones Lerko, pp. 47-53.

Como conclusión a este apartado, es de vital importancia resaltar que el derecho a la vida privada ha sido reconocido como un derecho humano fundamental en los diversos tratados, y desde mi punto de vista, dicha medida debería servir como modelo de incorporación en las diversas legislaciones de los Estados, para que el derecho a la privacidad pueda ser establecido expresamente en las diversas normas de derecho interno de cada Estado.

III. Reseña histórica

Para poder hablar del citado derecho de la personalidad debemos remontarnos a la Edad Media, donde se redescubría como valor tradicional el respeto a la vida privada y a la intimidad del ser humano. Sin embargo, el derecho a la vida privada surge de manera específica en Estados Unidos de América en 1890, con el estudio de Warren y Brandeis intitulado *The right of privacy.* No obstante, la jurisprudencia norteamericana rechazó dicha prerrogativa inicialmente, aunque progresivamente empezó a reconocerla con formas y fundamentos divergentes de los que hoy son más aceptadas. La doctrina y la jurisprudencia francesa han establecido la creación del concepto de vida privada hasta antes de la vigencia de la ley del 17 de julio de 1970, que regula la protección de dicho derecho de la personalidad. Posteriormente, el código civil francés impuso como vía de aplicación de dicho derecho, la responsabilidad civil extracontractual.

En Alemania, la jurisprudencia había rechazado la existencia de este derecho de la personalidad. Sin embargo, en los términos de su ley fundamental de 1949 llevaron a los tribunales a reconocer los derechos de la personalidad y posteriormente a conceder indemnización por daño moral en caso de desconocimiento de ellos.

En Italia, el derecho a la vida privada se reconoció con una reforma realizada en abril de 1974 a los códigos penales y de procedimientos penales, donde se fueron incorporando tipos penales en los cuales la vida privada aparece como un bien jurídico tutelado, aunque cabe señalar que la creación de dichos tipos penales fueron cuestionados por juristas italianos debido a que ponían en duda su eficacia al momento de ser aplicados en la práctica.[7]

A la postre, diversas declaraciones de derechos humanos fueron contemplando dicho derecho de la personalidad como un derecho fundamental, y prueba de ello lo encontramos en la ya citada Declaración de los Derechos Humanos de 1948, donde establece que nadie puede ser objeto de injerencias en su vida privada, familia, domicilio, etcétera. Posteriormente, en 1966 el Pacto Internacional de Derechos Civiles y Políticos también contempla la posibilidad de proteger la vida privada.

El Pacto de San José, de 1969, contempla la posibilidad de proteger la vida privada utilizando expresiones análogas a la citada Declaración de 1948. Respecto a la órbita europea, la Convención Europea sobre derechos del Hombre, y el ya citado Convenio Para la Protección de los Derechos Humanos y de las Libertades Fundamentales, del 4 de noviembre de 1950 junto con la Carta Europea de Derechos Fundamentales del año 2000 contemplan también la posibilidad de proteger el citado derecho de la personalidad. En este orden de ideas, Eduardo Novoa Monreal considera que el derecho a la vida privada se ha transformado en una materia que integra lo estudios jurídicos más recientes en sus proyecciones teóricas y prácticas debido a que actualmente los medios de comunicación intentan escudriñar la vida privada de muchas personas, y no obstante que al hacerlo, transgreden los límites estable-

7 Novoa Monreal, Eduardo, *op. cit.*, pp. 25-28.

cidos en la ley y en los tratados referentes a este derecho de la personalidad.[8]

Finalmente, cabe destacar que la Constitución mexicana prevé el respeto a la vida privada en el artículo 6o. donde establece como límite de la libertad de expresión no trastocar la vida privada de alguna persona; el artículo 7o. que prevé como límite para difundir las ideas escritas o por cualquier medio el respeto a la vida privada, y el artículo 16, segundo párrafo, que establece que toda persona tiene derecho a la protección de sus datos personales, al acceso, rectificación y cancelación de los mismos, así como a manifestar su oposición en los términos que establezca la ley.

IV. El caso

> La empresa Google México fue denunciada ante el IFAI por no respetar el derecho a la protección de datos personales y por ello fueron publicadas algunas noticias en los periódicos, por citar algunos ejemplos, el diario ABC de Monterrey publicó lo siguiente: "Ximena Puente de la Mora, comisionada presidente del Instituto de Acceso a la Información Pública y Protección de Datos (IFAI), indicó que la empresa Google México tiene 10 días para cumplir con la orden de respetar los derechos de privacidad de los ciudadanos mexicanos. De no hacerlo, la empresa transnacional recibirá una sanción superior a los 44 millones de pesos. "Google tiene los mecanismos de búsqueda necesarios para obtener datos de cualquier persona y eso es lo que queremos evitar". Es de recordar que la denuncia en contra de Google México fue interpuesta ante el IFAI en septiembre del año pasado, después de que un ciudadano (cuyo nombre no ha sido revelado ni tampoco los detalles de la denuncia), solicitó a Google respetar su privacidad de datos.

8 *Ibídem*, p. 28.

> Pero hasta el momento la filial mexicana de la empresa no ha atendido la solicitud del IFAI.[9]

Por otra parte, el periódico *La Jornada* publicó lo siguiente:

> El Instituto Federal de Acceso a la Información y Protección de Datos Personales (IFAI) anunció que presentó una denuncia ante la Procuraduría General de la República (PGR) contra quienes resulten responsables por el manejo ilícito de datos que aparentemente realiza una empresa. El IFAI manifiesta su honda preocupación por la probable vulneración de un derecho fundamental consagrado en nuestra Constitución, que confiere a toda persona la protección de sus datos personales, señaló el instituto en un comunicado. De igual forma, advirtió que pareciera haber tratamientos ilegítimos de los datos personales de millones de mexicanos, lo que resulta condenable.[10]

Respecto a la forma de reparar el daño, considero que el medio idóneo pudiera ser una multa que, de acuerdo con el artículo 64 de la Ley Federal de Protección de Datos Personales en posesión de los particulares, el monto de la indemnización oscilaría entre 100,000 a 160,000 días de salario mínimo vigente en el Distrito Federal. Por otra parte, considero que puede ser aplicable el fundamento del artículo 66 de la citada ley, donde menciona que las sanciones contempladas en la misma se impondrán sin perjuicio de la responsabilidad civil o penal que generen; por lo tanto, eso nos remite a lo establecido en el artículo 1916 del Código Civil para el Distrito Federal, referente a la responsabilidad civil donde sostiene

---

9 Garza, Eddisa, *Google tiene 10 días para acatar orden del IFAI,* ABC Monterrey. 29 de enero de 2015, http://www.periodicoabc.mx/articulo/google-tiene10-dias-para-acatar-orden-de-ifai

10 De la redacción, "El Ifai también presenta demanda", disponible en *La Jornada,* 8 de noviembre de 2013, http://www.jornada.unam.mx/2013/11/08/ politica/013n2pol.

que la afectación que una persona sufre en su vida privada se entiende como daño moral y que cuando éste se produzca, el causante deberá repararlo mediante una indemnización en dinero. Por ello, mi propuesta sugerida referente a la imposición de una multa a dicha empresa no sería descabellada, sin embargo, considero que dicha empresa debió ser obligada a ofrecer una disculpa pública a la persona que solicitó la protección al IFAI, debido a que su información personal no fue eliminada de la página web, y de acuerdo con el citado artículo del Código Civil, la afectación que una persona tiene cuando se trastoca su vida privada debe ser reparada. En conclusión, considero que la medida idónea que debió adoptarse es la reparación del daño mediante la indemnización en dinero y el ofrecimiento de una disculpa por parte de la ya citada empresa.

V. Fuentes

1. Libros

Bayo Del Gado, Joaquín, "Derecho comunitario sobre protección de datos", en *Derecho a la intimidad y nuevas tecnologías,* Madrid, Ediciones Lerko.

Delpiazzo, Carlos, "Relaciones entre privacidad y transparencia: ¿equilibrio o conflicto?", en *Los datos personales en México: perspectivas y retos de su manejo en posesión de particulares,* México, Porrúa, 2012.

Gómez-Robledo, Alonso y Ornelas Núñez, Lina, *Protección de datos personales en México: el caso del Poder Ejecutivo,* México, UNAM, 2006.

Novoa Monreal, Eduardo, *Derecho a la vida privada y libertad de información. Un conflicto de derechos*, México, Siglo veintiuno Editores, 2001.

2. Notas periodísticas

Garza, Eddisa, "Google tiene 10 días para acatar orden del IFAI", *ABC Monterrey*, 29 de enero de 2015. http://www.periodicoabc. mx/articulo/google-tiene-10-dias-para-acatar-orden-de-ifai.

De la redacción, "El Ifai también presenta demanda", *La Jornada*, 8 de noviembre de 2013. disponible en http://www.jornada. unam. mx/2013/11/08/politica/013n2pol.

3. Legislación

Ley Federal de Protección de Datos Personales.

Código Civil Para el Distrito Federal.

Declaración Universal de los Derechos Humanos 1948.

Pacto Internacional de Derechos Civiles, 1966.

Convención Americana sobre Derechos Humanos.

Convenio para la protección de los Derechos Humanos y de las libertades Fundamentales, 1950.

Corte Europea de Derechos fundamentales, 2000.

DERECHOS DE LA PERSONALIDAD. DERECHO A LA PRIVACIDAD

Claudia Carla Hernández Ledesma[1]

"En ninguna parte puede hallar el hombre un retiro tan apacible y tranquilo como en la intimidad de su alma". Marco Aurelio

SUMARIO: I. DEFINICIÓN. II. DESARROLLO. III. CASO PRÁCTICO. IV. FUENTES.

I. DEFINICIÓN

Etimológicamente, la palabra "intimidad", proviene del latín *intus*, que da idea de algo interior, algo recóndito, lo más profundo del ser, y por lo mismo, oculto, escondido; de manera tal que podemos decir que se trata de un ámbito individual de existencia personal, en el cual el sujeto decide su forma de ser, de estar, de verse él mismo para gozar de su soledad o convivencia,[2] de manera pacífica; con el fin de encontrarse en aptitud de reflexionar, de analizar, de pensar, de crear, de trabajar, de amar, de soñar, en fin, para sentirse anímicamente dueño de sí, y mantener su libertad como suprema aspiración humana.

1 Estudiante de Derecho en la Facultad de Derecho en la Universidad Nacional Autónoma de México.

2 Cienfuegos Salgado, David, *El Derecho a la intimidad y los actos procesales de imposible declaración*, La tesis 1a/J17/2003, "Sobre admisión y desahogo de la prueba pericial en genética", *Revista Lex*, México, núm. 101, noviembre de 2003, p. 47.

La palabra intimidad, se emplea también para hacer referencia al conjunto de actos, situaciones o circunstancias que por su carácter personalísimo no se encuentran, por regla general o de ordinario, expuestos a la curiosidad y a la divulgación.

El derecho a la intimidad protege tanto la intimidad de la persona como la de su familia, y comprende la libertad del individuo para conducirse en medio de determinados espacios y tiempos, libre de perturbaciones ocasionadas por terceros, así como la facultad de defenderse de la divulgación de hechos privados.

El derecho a la intimidad o a la vida privada quedaría configurado como "aquel ámbito de libertad necesaria para el pleno desarrollo de la personalidad, espacio que debe estar libre de intromisiones ilegítimas, y que constituye el presupuesto necesario para el ejercicio de otros derechos".[3]

Para Scalvini y Leyva pueden identificarse como caracteres del derecho a la intimidad, la facultad de exclusión y la autoconfiguración.

De esta forma, el derecho a la intimidad atribuye a su titular la posibilidad de excluir la intromisión de terceros en aquello que constituye la zona nuclear de la personalidad.[4]

De manera general, el derecho a la privacidad es el derecho a no ser molestado. Sin embargo, aquí no analizamos la amplia definición del derecho a la privacidad, sino que lo concentra-

---

3 Muñoz de Alba Medrano, Marcia y Cano Valle, Alberto, *Derechos de las personas con Síndrome de Inmunodeficiencia Adquirida,* México, Cámara de Diputados-UNAM, 2002, p. 38.

4 Scalvin, Elda y Leyva, Claudio, *Las medidas precautorias la tutela efectiva del derecho a la intimidad. Derecho a la información, habeas data e Internet,* Buenos Aires, Ediciones la Rocca, 2002, p. 238.

mos en la privacidad como el derecho que tienen los individuos de que otros no espíen en su vida privada.

En sentido más específico, se define como el derecho que tiene la persona a determinar qué, a quién y cuánta información sobre sí misma se revelará a otros.

II. Desarrollo

1. Características

El derecho se proyecta en dos dimensiones: como secreto de la vida privada y como la libertad del individuo. La intimidad concebida como secreto, atenta contra todas las divulgaciones ilegítimas de hechos relacionados con la vida privada o familiar, o las investigaciones también ilegítimas de acontecimientos propios de la vida. Concebida como libertad individual, la intimidad trasciende y se realiza en el derecho de toda persona a tomar por sí misma decisiones que conciernen a la esfera de su vida privada.

El núcleo esencial del derecho a la intimidad define un espacio intangible, inmune a intromisiones externas, del que se deduce un derecho a no ser forzado a escuchar o a ver lo que no se desea, como también un derecho a no ser escuchado o visto cuando no se desea.[5]

2. Clasificación

Existen dos tipos básicos de privacidad: psicológica y física. La privacidad psicológica es la que se refiere a la vida interna de una persona, e incluye sus pensamientos, planes, creen-

5 Gonzáles Sepúlveda, Jaime, *El derecho a la intimidad privada,* Chile, Andrés Bello, 1972, p. 21.

cias, valores personales, sentimientos y deseos. Estos aspectos internos del individuo están conectados tan íntimamente con la persona, que invadirlos implica casi una invasión de la propia persona. La privacidad física se refiere a las actividades físicas del individuo; puesto que la vida interna de la gente se manifiesta por medio de sus actividades y expresiones físicas, la privacidad física es importante, en parte, porque es un medio para proteger la privacidad psicológica. Sin embargo, muchas de nuestras actividades físicas se consideran "privadas", independientemente de sus conexiones con nuestra vida interna. El tipo de actividades que se consideran privadas depende hasta cierto grado de las normas de la propia cultura.

¿Por qué la privacidad es considerada lo suficientemente importante como para rodearla con la protección de un derecho?

La privacidad tiene varias funciones protectoras. Primero: asegura que los demás no adquieran información sobre nosotros, porqué de lo contario nos expondría al ridículo, la vergüenza, el chantaje u otro daño. Segundo: evita que otras personas interfieran en nuestros planes, simplemente porque no tienen los mismos valores que nosotros, nuestros planes privados quizá involucren actividades que, a pesar de no dañar a nadie, otras personas consideren de mal gusto. Tercero: la privacidad protege a nuestros seres queridos de ser lastimados al poner sus creencias en duda acerca de nosotros. Es probable que existan aspectos sobre nuestra personalidad que, en caso de ser reveladas, podría dañar a quienes amamos; por eso, la privacidad asegura que estos asuntos no se hagan públicos. Cuarto: evita que los individuos sean guiados a incriminarse a sí mismos. Al proteger su privacidad, la gente se protege de dañar de forma involuntaria su propia reputación.[6]

6 Velásquez, Manuel G., *Ética en los negocios: conceptos y casos,* México, Pearson Educación, 2008, p. 289.

La privacidad es un derecho fundamental, individual, natural, inviolable, que debe desarrollarse en una esfera de acción propia, independiente o autónoma. Según dice Béjar, "el derecho de la intimidad es indisponible; irrenunciable; inexpropiable e inembargable; y es imprescriptible, ya que al ser un derecho inherente a la persona, al prescribir y extinguirse el derecho, habría que considerar que la persona misma, a la que va unido, se extinguiría también."[7]

Así podemos deducir que:

A) Sólo las personas físicas y las personas jurídicas gozan de intimidad; las instituciones, no.

B) La intimidad requiere el consentimiento para participar de ella, sin que se destruya. Requiere siempre del consentimiento libre del sujeto para hacer partícipe a otros. Conocer y difundir la intimidad de una persona contra su voluntad, comporta automáticamente su destrucción.

C) La intimidad implica el respeto a la libertad de las personas, pues su existencia, conocimiento y difusión ocurre sólo por donación, la cual es siempre libre y voluntaria, como en el caso de la amistad y el amor.

D) La intimidad tiene un valor absoluto, incuestionable e inviolable, lo que se refleja en ciertos derechos como la libertad de pensamiento o doctrinas como la objeción de conciencia, que no pueden ser objeto de mandatos judiciales.[8]

3. Historia

La intimidad como derecho de la persona humana y doctrina identifica su desarrollo en el mundo anglosajón, en

---

7 Álvarez Caro, María, *Derecho al olvido en internet: el nuevo paradigma de la privacidad en la era digital,* España, Reus, 2015, p. 50.

8 San Martín González, Enrique, *IFCT0310: Salvaguarda y seguridad de los datos,* España, IC Editorial, 2014, p. 148.

sendos períodos en Gran Bretaña y en Estados Unidos de América.

El primero se desenvuelve entre los comienzos del *Common Law* y su solidificación en *The Right to Privacy*. Quizá resulta de particular interés su aparición en la jurisprudencia de los siglos XVIII y XIX como protección de la vida privada, con base y refuerzo de la "propiedad privada" y del "contrato" como instituciones primordiales del liberalismo, mediante las cuales la tutela de la privacidad es justificada y legitimada.

El periodo siguiente de desarrollo doctrinario —de la *privacy*—, se produce esencialmente en los EE.UU., y los casos que le dieron sustancia estuvieron relacionados con situaciones conflictivas originadas por la prensa.[9]

III. Caso práctico

1. Noticia

> Exhiben a Berlusconi con cinco jóvenes de su *harem*
>
> Agencias en Roma | Mundo | Fecha: 2007-04-18 | Hora de creación: 00:00:00 | Ultima modificación: 00:55:21.
>
> Un nuevo escándalo persigue al ex premier italiano, Silvio Berlusconi, al ser captado en un reportaje por la revista Oggi en los jardines de su mansión veraniega de Cerdeña en compañía de cinco mujeres jóvenes. Bajo el título "El harem de Berlusconi", la revista muestra al político vestido con ropa deportiva color azul marino y rodeado de cinco jóvenes —

9 Suárez Crothers, Christian, "El concepto de derecho a la vida privada en el derecho anglosajón y europeo", en Fernández Oliva, Marianela, *Notas sobre el origen y desarrollo del derecho a la intimidad en la familia jurídica del Common Law*, México, diciembre de 2000, vol. 11, p. 08, consultado el 04 de mayo de 2015, en www.centrodefilosofia.org.ar/IyD/IyD48/IyD487.pdf.

una morena, dos castañas y una pelirroja— a las que coge de la mano y sienta sobre sus piernas. El reportaje consta de 11 páginas y numerosas fotografías, todas tomadas desde lejos durante las pasadas vacaciones de Semana Santa, cuando Il Cavaliere se encontraba descansando en su lujosa residencia de verano Villa Certosa. Explicación. El escándalo fotográfico llega meses después de que su segunda mujer, Verónica Lario, le exigiera públicamente explicaciones por su comportamiento irrespetuoso durante una gala de televisión, en la que el magnate intentó cortejar a varias estrellas televisivas italianas.

A pesar de las numerosas llamadas de los periodistas, Lario no quiso comentar el nuevo episodio de desenfreno de su marido. Malicia. Por su parte, el portavoz de Berlusconi, Paolo Bonaiuti, a manera de justificación, dijo que en esos días, el magnate recibió a mucha gente, como "jóvenes de Forza Italia, chicos y chicas, simpatizantes de Berlusconi y del partido" que acudieron a su residencia para felicitarle la Pascua. Según Bonaiuti, las imágenes corresponden a "una visita normal en un día de fiesta" y en la que seguramente, habría más personas, al tiempo que ha acusado a la revista de haber enfocado el asunto "con malicia".[10]

2. Acciones de defensa

En primer lugar, hay que determinar la responsabilidad, que es extracontractual porque una persona la causa y debe responder, ya que obra de una cosa de su propiedad o por un daño a otra persona, respecto de la cual no estaba ligada por vínculo alguno anterior.

10 *La Crónica*, "Exhiben a Berlusconi con cinco jóvenes de su harem", *Diario La Crónica*, consultado el 05 de mayo, http://www.cronica.com.mx/notas/2007/296280.html.

Suponiendo que la nota haya sido en México, trataré de hacer coincidir todo con el ordenamiento vigente en nuestro país, actualmente.

Se demanda por daño moral.

Víctima y demandante: Silvio Berlusconi.

Demandado: Revista Oggi.

Para acreditar la responsabilidad, bastaría obtener una copia del ejemplar de la revista con la nota cómo se distribuyó.

Derecho lesionado: derecho a la privacidad/ intimidad (entre otros, que se podrían acreditar también).}

Situación económica de la víctima: el Jefe de Gobierno gana alrededor de $300 000 (trescientos mil pesos 00/100 M. N.) mensuales, cuenta con propiedades de lujo, así como varias cuentas en el banco.

Situación económica del responsable: la revista es de las más vendidas en el país y alcanza un aproximado de $50 000 000 (cincuenta millones de pesos 00/100 M. N.) en ventas cada 14 días.

Prestaciones reclamadas: indemnización por concepto de daño moral.

El monto de la indemnización lo determinará el juez tomando en cuenta los derechos lesionados, el grado de responsabilidad, la situación económica del responsable y de la víctima, así como las demás circunstancias del caso.

Derivado de la responsabilidad objetiva de los demandados, los daños y perjuicios generados como consecuencia del lucro, así como de los ejemplares vendidos con la publicación, se busca obtener la cantidad de $80,000,000.00 (ochenta millones de pesos 00/100 M. N.) más los gastos y costas que se generen a lo largo del juicio.

Silvio se casó con Verónica Lario hace varios años. El hecho de publicar que estaba en un *harem* (o harén, como se traduce al español) lleva al público y lectores a creer que Silvio forma parte de esta institución teniendo a un conjunto de mujeres viviendo completamente subordinadas a él. Se entiende que el nuevo chisme pone en ridículo y en la mira a su esposa, puesto que no le guarda respeto alguno y ventila en cualquier lugar su excéntrica relación con otras mujeres.

El demandante (Silvio) asegura que todo el artículo es falso. El artículo así como toda la nota es una mentira. Pero en el supuesto de que los hechos hubieran ocurrido tal como los narran, la revista no tenía permiso de publicar las fotos sin su consentimiento. Berlusconi no se encontraba en un lugar público. Su casa es un sitio restringido. Su mansión es propiedad privada.

Silvio Berlusconi también se sintió denigrado por la falsedad de información. Su imagen quedó "manchada". Ahora la opinión pública lo ve como un mal hombre y un libertino al que le complace divertirse con muchas mujeres al mismo tiempo.

Definitivamente, comprendo que al encontrarse dentro de la vida política del país, y Silvio era una figura pública, detalles como estos involucran su vida afectiva, matrimonial e invaden su esfera personal. Por lo tanto, ni las imágenes, ni la información sin confirmar debieron difundirse, y mucho menos publicarse en una revista de tan importante talla.

IV. Fuentes

1. Libros

CIENFUEGOS SALGADO, DAVID, *El derecho a la intimidad y los actos procesales de imposible declaración*, Tesis 1a/J17/2003, "Sobre admisión y desahogo de la prueba pericial en genética", *Revista Lex*, México, núm. 101, noviembre de 2003.

MUÑOZ DE ALBA MEDRANO, MARCIA; Y CANO VALLE, ALBERTO, *Derechos de las personas con Síndrome de Inmunodeficiencia Adquirida,* México, Cámara de Diputados-UNAM, 2002.

SCALVIN, ELDA; Y LEYVA, CLAUDIO, *Las medidas precautorias, la tutela efectiva del derecho a la intimidad. Derecho a la información, habeas data e Internet,* Buenos Aires, Ediciones la Rocca, 2002.

GONZÁLES SEPÚLVEDA, JAIME, *El derecho a la intimidad privada*, Chile, Andrés Bello, 1972.

VELÁSQUEZ, MANUEL G., *Ética en los negocios: conceptos y casos*, México, Pearson Educación, 2008.

ÁLVAREZ CARO, MARÍA, *Derecho al olvido en internet: el nuevo paradigma de la privacidad en la era digital*, España, Reus, 2015.

SAN MARTÍN GONZÁLEZ, ENRIQUE, *IFCT0310: Salvaguarda y seguridad de los datos*, España, IC Editorial, 2014.

2. Notas periodísticas

La Crónica, "Exhiben a Berlusconi con cinco jóvenes de su harem", *Diario La Crónica*, consultado el 5 de mayo, http://www. cronica.com.mx/notas/2007/296280.html.

3. Legislación

CÓDIGO CIVIL DEL DISTRITO FEDERAL.

4. Páginas de internet

Suárez Crothers, Christian, "El concepto de derecho a la vida privada en el derecho anglosajón y europeo", en Fernández Oliva, Marianela, *Notas sobre el origen y desarrollo del derecho a la intimidad en la familia jurídica del Common Law,* tesis, México, vol. 11, diciembre de 2000, consultado el 4 de mayo de 2015, en www.centrodefilosofia.org.ar/IyD/IyD48/IyD487.pdf.

Tesis 1a., CLXX/2012, 5 de mayo de 2015, consultado en http://www.poderjudicialags.gob.mx/servicios/criterios/resoluciones/Tesis%20Aisladas%202012.pdf.

Tesis 1a., CLV/2013, 5 de mayo de 2015, consultado en, http://sjf.scjn.gob.mx/.

LORENZO CÓRDOVA, EL CASO DIFÍCIL ENTRE LA PRIVACIDAD Y EL INTERÉS PÚBLICO

Luis Alberto Gonsen Gálvez[1]

SUMARIO: I. INTRODUCCIÓN. II. DERECHOS DE LA PERSONALIDAD. III. VIDA PRIVADA. IV. NOTICIA. V. INTERESES EN DISPUTA. VI. FUENTES.

I. INTRODUCCIÓN

El presente trabajo, tiene por objetivo analizar el derecho de privacidad, que es un derecho de la personalidad; a través de una noticia de actualidad como es la grabación telefónica al presidente del INE (Instituto Nacional Electoral), en la que habla despectivamente del líder de un grupo de indígenas.

Primero explicaremos la idea general de los derechos de la personalidad para después profundizar en el derecho de la vida privada. Posteriormente, relataremos los hechos controvertidos que desataron la polémica nacional, y a continuación haremos algunas reflexiones desde la perspectiva de la teoría Ronald Dworkin.

1 Estudiante de Derecho en la Facultad de Derecho y meritorio en el Instituto de Investigaciones Jurídicas de la Universidad Nacional Autónoma de México.

II. Derechos de la personalidad

Los derechos de la personalidad son derechos que están ligados a la dignidad de los humanos por el simple hecho de serlo. Ejercer estos derechos de forma positiva significa desenvolverse de manera sana en la sociedad, haciéndose respetar y dándose su lugar. Cuando se ejercen de forma negativa significa que se ha menoscabado la dignidad de la persona, y mediante el ejercicio del derecho busca restablecer la dignidad a su estado original.[2] "Como noción surge en 1909 con la publicación de un artículo de E. H. Perreau titulado *Los derechos de la personalidad,* donde contempla la reparación del daño cuando se afectan los sentimientos de una persona".[3]

Los derechos de la personalidad son: "derechos subjetivos privados con una doble faceta: la primera implica la autodeterminación y protección; la segunda faceta es la facultad que tiene la persona para demandar la acción de reparación de los daños que haya sufrido. Todo ello recae sobre los bienes

---

2 En el Código Civil para el Distrito Federal, el artículo 1916 dice: "Por daño moral se entiende la afectación que una persona sufre en sus sentimientos, afectos, creencias, decoro, honor, reputación, vida privada, configuración y aspectos físicos, o bien, en la consideración que de sí misma tienen los demás. Se presumirá que hubo daño moral cuando se vulnere o menoscabe ilegítimamente la libertad o integridad física o psíquica de las personas.

Cuando un hecho u omisión ilícitas produzcan un daño moral el responsable del mismo tendrá la obligación de repararlo mediante una indemnización en dinero con independencia de que se haya causado daño material tanto en responsabilidad contractual como extracontractual, igual obligación de reparar el daño moral tendrá quien incurra en responsabilidad objetiva conforme al artículo 1913 así como el Estado y sus servidores públicos conforme a los artículos 1927 y 1928 todos ellos del presente código..."

3 Flores Ávalos, Elvia Lucía, "Derechos de la personalidad", en Ferrer Mac-Gregor, Eduardo *et al., Diccionario de derecho procesal, constitucional y convencional,* t. I-F, México, UNAM, Instituto de Investigaciones Jurídicas, 2014, p. 538.

inmateriales más preciados para una persona como su vida, su honor, su libertad, su vida privada, etcétera".[4]

De acuerdo con Santos Cifuentes,[5] sus características principales son las siguientes:

Derechos innatos: son derechos que nacen con el sujeto mismo.

Vitalicios: acompañan a la persona durante todo su aliento jurídico.

Necesarios: no pueden faltar en ningún instante de la vida humana.

Esenciales: dado que representan un mínimo imprescindible para el contenido de la persona.

El objeto es interior: las manifestaciones que comprenden están unidas de tal modo con el sujeto, que no es posible apartarlas de él.

Inherentes: se refiere a una particular posición del sujeto que hace intrasmisible el derecho.

Extra patrimoniales: no son apreciables monetariamente, pero pueden tener repercusiones económicas cuando son transgredidas.

Relativamente indispensables: de manera amplia abarca la intransmisibilidad, la irrenunciabilidad, la inajenabilidad,

---

4 *Ídem.*

5 Cifuentes, Santos, *Derechos personalísimos,* Buenos Aires, Astrea, 3a. ed., 2008, pp. 161-176.

la inembargabilidad, la inejecutoriedad, la inexpropiabilidad, la imprescriptibilidad y la insubrogabilidad.

Absolutos: el titular puede enfrentar este derecho a cualquier persona.

Privados: se ubican en un punto ajeno a las relaciones con el poder público.

Independencia: no dependen de factores externos.

III. Vida Privada

La vida privada consiste en mantener ciertos aspectos lejos del conocimiento público. Para no entrar en el juego de que lo público no es privado y que lo privado no es público establezcamos algunos parámetros.

Hay niveles de privacidad: El máximo grado de privacidad, es aquel en el cual la persona no comparte sus pensamientos o actividades con nadie, como es escribir un diario. Un nivel intermedio, es aquel en el que la persona comparte sus pensamientos y actividades con núcleos cercanos; la principal característica de estos núcleos es, que la persona decide quién conforma ese núcleo y qué comparte con él, por ejemplo, exhibir fotos personales con la familia o compartir ideas religiosas o políticas con un grupo de amigos. Otro nivel de privacidad menor, es aquel, en el que la persona comparte sus pensamientos o actividades con un grupo más grande o no tan cercano, y al cual no elige, como compartir documentos con un grupo de trabajo. El último punto, es el de la privacidad nula; es decir, cuestiones que son de conocimiento público, en donde cualquier persona puede conocer esa información.

La vida privada es el objeto de protección del derecho a la privacidad, como dice Ernesto Villanueva, el derecho:

> se materializa en el momento de proteger del conocimiento ajeno el hogar, la oficina o el ámbito laboral, los expedientes médicos, legales y personales, las conversaciones o reuniones privadas, la correspondencia por cualquier medio, la intimidad sexual, la convivencia familiar o afectiva y todas las actividades y conductas que se realizan en lugares no abiertos al público.[6]

Zavala de González explica también que el derecho a la privacidad "supone la protección de la reserva espiritual de la vida privada del hombre, asegurando el libre desenvolvimiento en el ámbito personal y familiar, en sus expresiones y en sus afectos".[7] La vida privada se ejerce socialmente, mientras que el derecho a la privacidad atiende a un ámbito procesal.

IV. Noticia

El 18 de mayo de 2015, circuló un video en la página de internet YouTube,[8] donde se escucha al consejero presidente del INE, Lorenzo Córdova, mantener una conversación telefónica con el Secretario General Ejecutivo del INE, Edmundo Jacobo. En dicha conversación se escucha a Lorenzo Córdova referirse despectivamente de un líder de un grupo de indígenas con

---

6 Villanueva, Ernesto, "Derecho a la vida privada", en Ferrer Mac-Gregor, Eduardo *et al.*, *Diccionario de derecho procesal, constitucional y convencional*, UNAM, México Instituto de Investigaciones Jurídicas, 2014, p. 381.

7 Zavala de González, Matilde, "Resarcimiento de daños", vol. 2, *Daños a las personas*, Buenos Aires, Hammurabi, 1996, p. 35.

8 YouTube, "Lorenzo Córdova espiado discrimina a pueblos indígenas", https://www.youtube.com/watch?v=sMZG2SbtsxU, consultado el 18 de junio de 2015.

quien sostuvo una reunión. Parte del contenido de la conversación es el siguiente:

> Edmundo Jacobo (EJ): Lorenzo, Presidente a tus órdenes... Perdóname.
>
> Lorenzo Córdova (LC): ¿Puedes hablar?
>
> E. J.: sí.
>
> L. C.: Voy camino al hotel, les di asesoría a los de los pueblos indígenas, no mames cabrón, hay que escribir unas crónicas marcianas desde el INE...
>
> E. J.: Sí, sí.
>
> L. C.: Exactamente. No mames, desde las dramáticas reuniones con los padres de Ayotzinapa hasta esto, no mames, no voy a mentir, y te voy a decir cómo hablaba ese cabrón: "yo jefe gran nación chichimeca, vengo Guanajuato, yo decir aquí, o diputados para nosotros o yo no permitir tus elecciones". Cuando te estoy diciendo Este güey yo no sé si hable así o vio mucho llanero solitario, con eso de Toro cabrón, no mames, sólo le faltó decir yo Gran Jefe Toro Sentado, líder gran nación Chichimeca, no mames, no mames, esta de pánico cabrón o estamos muy divertidos acabamos en el psiquiatra. ¿Cómo va la reunión?
>
> E. J.: Vamos bien, cuando llegues me dices, Miguel Ángel ya tiene la instrucción de tomar el relevo de la reunión.
>
> L. C.: Cuando llegue yo ahí, saludo, tranquilo.
>
> E. J.: Ah, bueno tiene que salir luego, luego.
>
> L. C.: Gracias, abrazote.[9]

El 19 de mayo de 2015, el INE presentó una denuncia penal ante la PGR por la intervención ilegal de conversaciones telefónicas privadas. Asimismo, ese día reconocía que efectiva-

9 Herrera, Claudia, "Denuncia penal por intervención telefónica a Córdova", *La Jornada,* http://www.jornada.unam.mx/ultimas/2015/05/19/denunciapenal-por-intervencion-telefonica-a-cordova-7973.html, consultado el 18 de junio de 2015.

mente había sostenido esa conversación, y pidió disculpas a quien se haya sentido ofendido.[10] Igualmente, Lorenzo Córdova hizo énfasis en que la conversación había sido obtenida de forma ilegal y señaló que eso era un intento de desprestigiar al Instituto días antes de las elecciones: el 7 de junio.[11]

En días posteriores fueron publicadas en varios periódicos[12] solicitudes[13] para que Lorenzo Córdova renunciara a su cargo de consejero electoral.[14]

V. Intereses en disputa

Pese a que consideramos desafortunados los hechos que acontecieron en nuestro país, el caso resulta muy enriquece-

---

10 Herrera, Claudia, "Lorenzo Córdova ofrece disculpas por burlarse de un indígena", *La Jornada,* http://www.jornada.unam.mx/ultimas/2015/05/19/lorenzo-cordova-ofrece-disculpas-por-comentarios-sobre-indigena-1362.html, consultado el 18 de junio de 2015.

11 El 7 de junio de 2015 se llevaron a cabo en la República mexicana elecciones para diputados federales, y en algunas entidades para gobernadores, legisladores locales y también de jefes delegacionales y presidentes municipales.

12 Alemán, Ricardo, "Lorenzo Córdova, la renuncia", *El Universal,* http://www.eluniversalmas.com.mx/columnas/2015/05/112732.php, consultado el 18 de junio del 2015.

13 *Change.org.*, "Exigimos la renuncia de Lorenzo Córdova Vianello por sus comentarios racistas y ofensivos hacia los indígenas del país y hacia los padres de los estudiantes asesinados en Ayotzinapa", https://www.change.org/p/pueblode-m%C3%A9xico-exijan-la-renuncia-de-lorenzo-c%C3%B3rdova-vianello-por-suscomentarios-racistas-y-ofensivos-hacia-los-ind%C3%ADgenas-del-pa%C3%ADs-yhacia-los-padres-de-los-estudiantes-asesinados-en-ayotzinapa, consultado el 18 de junio de 2015.

14 Rodríguez, Óscar, "Piden renuncia de Lorenzo Córdova por discriminación, en Oaxaca", *Milenio,* http://www.milenio.com/estados/Organizaciones_sociales-Lorenzo_Cordova-caso_de_indigenas_0_524947770.html, consultado el 18 de junio.

dor para el ejercicio académico. A nuestra consideración, esto constituye lo que Ronald Dworkin denomina un *Hard Case*.

En primer lugar, se encuentra el hecho de la violación a la privacidad de que fue objeto Lorenzo Córdova. La denuncia ante la PGR ya fue hecha. Hasta este punto es un caso sencillo, en donde de encontrarse al responsable, se puede aplicar el sistema de reglas primarias y secundarias de las que nos habla Hart.[15] Se presenta el caso ante un juez, quien no tendría mayores problemas en condenar dicha intromisión telefónica.[16]

Sin embargo, el contenido de la grabación ha sido de gran relevancia, para el interés público, al contrariar el último párrafo del artículo primero de la Constitución, que a la letra dice:

> Queda prohibida toda discriminación motivada por origen étnico o nacional, el género, la edad, las discapacidades, la condición social, las condiciones de salud, la religión, las opiniones, las preferencias sexuales, el estado civil o cualquier otra que atente contra la dignidad humana y tenga por objeto anular o menoscabar los derechos y libertades de las personas.

---

15 *Cfr.* Hart, H. L. A., *El concepto del derecho,* Buenos Aires, Abeledo-Perrot, 1963.

16 Al respecto, sobre la privacidad se presentan elementos especiales que vale la pena considerar:

1) Se trata de una figura pública;
2) La conversación se da en un ámbito privado
3) El contenido de la conversación es de interés público;
4) La noticia es verídica y actual;
5) La conversación fue obtenida por medios ilegales, y
6) Para que opere la teoría de la "real malicia" es necesario demostrar que el objeto de la notica es perjudicar la imagen de Lorenzo Córdova.

El tema de si las figuras públicas tienen derecho a la privacidad es un tema muy discutido, sin embargo, el hecho de que la conversación haya sido obtenida ilegalmente tiene mayor peso en este caso. Se deja de lado el hecho de que se trate de una figura pública y que el contenido sea de interés público. Los medios resultan completamente reprochables.

Si bien la violación a los derechos humanos no fue materializada del todo, se presentan suficientes elementos para encender las alarmas; es decir, una autoridad pública, como es la del Consejero Presidente del INE, quien se expresa discriminatoriamente de una persona por su origen étnico.

¿Hasta qué punto la balanza pierde su equilibrio? En el marco de sus funciones no se puede probar que Lorenzo Córdova ha cometido una violación de derechos humanos. Públicamente se exhibe una cosa, pero en la intimidad de sus pensamientos y de sus conversaciones privadas se expresa de otra forma.

La solicitud de renuncia que hicieron los grupos indígenas de Oaxaca a los poderes de la Unión con respecto a Lorenzo Córdova, jurídicamente no puede proceder porque el Instituto Nacional Electoral es un organismo autónomo constitucional. Sin embargo, existe un juez más grande de cuya jurisdicción Lorenzo Córdova no puede escapar, y se trata del escrutinio público, un *auditorio universal*[17] del cual el consejero electoral no puede evitar ser juzgado.

Si nos esforzamos por seguir las ideas de Ronald Dworkin, el derecho debe ser entendido más allá de un simple sistema de normas. Debe atenderse también a los principios y fines que persigue la sociedad, es completamente válido que se hable del principio de no discriminación y del principio de acceso a la información *versus* el principio de la privacidad. Si estos principios colisionan, la no discriminación y el acceso a la información tendrían mayor peso que el de la privacidad, y por lo tanto, el contenido de la conversación merece ser reprochado por la sociedad.

---

17 *Cfr.* Perelman, Chaim y Olbrecht-Tyteca, L., *Tratado de la argumentación. La nueva retórica,* Madrid, Gredos, 1989, consultado el 24 de junio de 2015, en http:// www.fis.cinvestav.mx/.

En este orden de ideas, la privacidad es uno de los derechos de la personalidad que protege un ámbito de la persona que no desea compartir con nadie. No hay ningún medio por el cual pueda justificarse la violación de la privacidad de la que fue objeto Lorenzo Córdova. Esa transgresión es un reflejo del actual estado de legalidad que vive el país. Sin embargo, las autoridades públicas deben ser más responsables en sus expresiones y acciones, independientemente de si se trata de una esfera pública o privada. Por consiguiente, la violación de la privacidad es procedente para solicitar una reparación del daño a su responsable. Por tratarse de una intromisión ilegal puede considerarse como el medio probatorio de que el fin de la intervención era menoscabar la reputación de Lorenzo Córdova. Dicha reparación será estimable en dinero.

Sin duda, el caso en cuestión puede ser calificado como "un caso difícil", digno de ser examinado por el juez Hércules dworkiano. Atendiendo al choque de principios, creo que desde un enfoque positivista, desde la teoría de Hart debe resolverse en favor de la privacidad; — Desde un enfoque incluyente de principios y valores, me gustaría que cada uno decidiese cómo debería resolverse el caso.

VI. Fuentes

1. Libros

Alexy, Robert, *Sistema jurídico, principios jurídicos y razón práctica,* http://www.biblioteca.org.ar/libros/141737.pdf.

Carpizo, Jorge y Villanueva, Ernesto, *El derecho a la información. Propuestas de algunos elementos para su regulación en México,* http://biblio.juridicas.unam.mx/libros/1/94/6.pdf.

Cifuentes, Santos, *Derechos personalísimos,* 3a. ed., Buenos Aires, Astrea, 2008.

Flores Ávalos, Elvia Lucía, "Derechos de la personalidad", en Ferrer Mac-Gregor, Eduardo *et al.*, *Diccionario de derecho procesal, constitucional y convencional,* t. I-F, México, UNAM, Instituto de Investigaciones Jurídicas, 2014.

Hart, H. L. A., *El concepto del derecho*, Buenos Aires, AbeledoPerrot, 1963.

Perelman, Chaim y Olbrecht-Tyteca, L., *Tratado de la argumentación. La nueva retórica*, Madrid, Gredos, 1989, http://www.fis. cinvestav.mx/, consultado el 24 de junio de 2015.

RoJas Amandi, Víctor Manuel, *El concepto de derecho de Ronald Dworkin*, http://www.juridicas.unam.mx/publica/librev/rev/facdermx/cont/246/art/art16.pdf

Villanueva, Ernesto, "Derecho a la vida privada", en Ferrer maC-GreGor, Eduardo, *et al., Diccionario de derecho procesal, constitucional y convencional,* México, UNAM, Instituto de Investigaciones Jurídicas, 2014.

Zavala de González, Matilde, "Resarcimiento de daños", en *Daños a las personas (integridad espiritual y social)*, Buenos Aires, vol. 2, 1996.

2. Notas periodísticas

Alemán, Ricardo, "Lorenzo Córdova, la renuncia", en *El Universal*, http://www.eluniversalmas.com.mx/columnas/2015/05/112732.php, consultado el 18 de junio de 2015.

Change.org, "Exigimos la renuncia de Lorenzo Córdova Vianello por sus comentarios racistas y ofensivos hacia los indígenas del país y hacia los padres de los estudiantes asesinados en Ayotzinapa", https://www.change.org/p/pueblo-de-m%C3%A9xico-exijan-la-renuncia-de-lorenzoc%C3%B3rdova-vianello-por-sus-comentarios-racistas-y-ofensivos-hacia-los-ind%C3%ADgenas-del-pa-%C3%ADs-y-hacia-los-padres-de-los-estudiantes-asesinados-en-ayotzinapa, consultado el 18 de junio de 2015.

Herrera, Claudia, "Denuncia penal por intervención telefónica a Córdova", en La Jornada, http://www.jornada.unam.mx/ultimas/2015/05/19/denuncia-penal-por-intervencion-telefonica-acordova-7973.html, consultado el 18 de junio de 2015.

HERRERA, CLAUDIA, "Lorenzo Córdova ofrece disculpas por burlarse de un indígena", en *La Jornada*, http://www.jornada.unam. mx/ultimas/2015/05/19/lorenzo-cordova-ofrece-disculpas-porcomentarios-sobre-indigena-1362.html, consultado el 18 de junio de 2015.

RODRÍGUEZ, ÓSCAR, "Piden renuncia de Lorenzo Córdova por discriminación en Oaxaca", *Milenio*, http://www.milenio.com/ estados/Organizaciones_sociales-Lorenzo_Cordova-caso_de_indigenas_0_524947770.html, consultado el 18 de junio.

YouTube, "Lorenzo Córdova espiado, discrimina a pueblos indígenas".

3. LEGISLACIÓN

CONSTITUCIÓN POLÍTICA DE LOS ESTADOS UNIDOS MEXICANOS.

CÓDIGO CIVIL PARA EL DISTRITO FEDERAL, 2015.

LEY DE RESPONSABILIDAD CIVIL PARA LA PROTECCIÓN DEL DERECHO A LA VIDA PRIVADA, EL HONOR Y LA PROPIA IMAGEN EN EL DISTRITO FEDERAL; 2006.

DERECHOS DE LA PERSONALIDAD. LA IMAGEN, EL HONOR Y LA PRIVACIDAD

Itzel Santiago Ortiz[1]

Sumario: I. Antecedentes y surgimiento de los derechos de la personalidad. II. Derechos de la personalidad: definición y clasificación. III. Derecho a la imagen, el honor y la privacidad: evolución e implicaciones prácticas. IV. Fuentes.

I. Antecedentes y surgimiento de los derechos de la Personalidad

En 1789, año en el que la pugna por los derechos humanos llega a su más alta cúspide al lograr, primero -como producto de su lucha ideológica y armada-; luego, su reconocimiento y garantía de protección por el Estado francés, en un inicio, y con posterioridad por el de una gran mayoría de los países, tanto occidentales como orientales. Es así, que a partir de ese año se logra la protección institucionalizada del ser humano como persona a través de los instrumentos jurídicos de cada Estado, estableciendo a su paso un dogma jurídico que aseguraba la existencia de una constitución, si y sólo si este documento contenía el reconocimiento de los derechos humanos y una división de poderes.

1 Estudiante de Derecho en la Facultad de Derecho de la Universidad Nacional Autónoma de México y prestadora de servicio social en el Bufete Jurídico de la Facultad de Derecho de la UNAM.

Si bien fue una lucha sustentada en pretensiones de protección a la persona, ésta se concentró en gran medida en una concesión de libertades y prerrogativas hacia el exterior de la misma, tales como el derecho de expresión, de información y de reunión. En consecuencia, aquellos derechos relativos al interior de la persona fueron descuidados en gran manera: el derecho al honor, a la imagen y a la privacidad. Asimismo, fue producto de los ideales de esta época histórica que se comienzan a regular con mayor precisión las relaciones entre las personas, pero descuidando de igual manera lo antes referido, ya que si bien surge un derecho civil adecuadamente estructurado, éste se enfoca solamente en lo relativo al patrimonio material de la persona, y en consecuencia de los actos jurídicos derivados para y con motivo de los mismos, dejando al margen los efectos que pudiesen proceder de los bienes del patrimonio no material o moral de los mismos sujetos de su regulación.

En consecuencia, aunque a partir de la Declaración Universal de los Derechos del Hombre y del Ciudadano (1789) se proclama la libertad del ser humano, y la procuración del cuidado de la vida e integridad física por el Estado, logrando la positivización de varios aspectos del derecho natural, los derechos de la personalidad no son incluidos en dicho documento, antecedente en materia de Derechos Humanos, y no es hasta siglo y medio después cuando la ONU, en la Declaración Universal de los Derechos Humanos toma en cuenta al resto de los derechos subjetivos, no contemplados en la DUDHC, sentando las bases para una posterior legislación de lo que vendría a ser el concepto modernista de los derechos de la personalidad. Así pues, la primera ley civil que se ocupa de estos derechos es el Código Austriaco de 1811, al hacer mención de derechos innatos, mismos que con posterioridad fueron denominados "Derechos Originarios" en el Código Civil de Portugal de 1867 y 1966. No obstante es con el Código alemán, que el término "Derechos de la Personalidad" es enunciado por primera vez, reconociendo como tales a la vida, el cuerpo y la salud, siendo detallados con más precisión por el código suizo bajo las figuras del honor, la vida familiar y la paz espiritual.

En lo concerniente a la legislación de influencia para la legislación civil mexicana, el Código italiano de 1942 contempla el derecho al nombre, a la imagen y a la disposición del cuerpo, añadiéndose la vida privada y la integridad física por las leyes francesas artículos 17.7.1970 y 29.7.1994, respectivamente, en función con el código civil francés. De esta forma, en México los derechos de la personalidad se encuentran regulados a través del daño moral en el Código Civil Federal en su artículo 1916; en él se señala que como tal, se conocerá a toda "afectación que una persona sufre en sus sentimientos, afectos, creencias, decoro, honor, reputación, vida privada, configuración y aspecto físico, o bien, en la consideración que de sí misma tienen los demás".[2] Asimismo, con la emisión de la Ley de Responsabilidad Civil para la Protección del Derecho a la Vida Privada, el Honor y la Propia Imagen en el Distrito Federal, el 19 de mayo de 2006, se colma por un lado el vacío legislativo en el ámbito local, y se complementa por el otro a las reglas contenidas en el Código Civil en lo relativo a dichos Derechos de la Personalidad.

II. Derechos de la personalidad: definición y clasificación

Ahora bien, hasta el momento se ha desarrollado un breve marco histórico de los derechos de la personalidad; sin embargo, cabe preguntarse ¿qué son los derechos de la perso-

2 Código Civil para el Distrito Federal (en línea), Suprema Corte de Justicia de la Nación, 2015.

nalidad? La complejidad que este concepto entraña, debido a su reciente creación y abordaje doctrinario, no sólo es referente al aspecto de su definición y/o conceptualización, sino que incluso a raíz del mismo, la diversidad de propuestas en cuanto a su nomenclatura se han hecho presentes en mérito a la atención que se le brinda a alguno de los aspectos o características de los citados derechos.

Así pues, los Derechos de la Personalidad son conocidos también como Derechos Esenciales, Derechos Innatos, Derechos Personalísimos y Derechos Privados del Sujeto, entre otros. No obstante, la corriente jurídica alemana ha acuñado la denominación de Derechos de la Personalidad, y es precisamente ésta la que mayormente se ha empleado en la actualidad, se han proporcionado diferentes definiciones. Por ejemplo, José Enrique Bustos Pueche ha definido a los Derechos de la Personalidad como una "categoría especial de derechos subjetivos que, fundados en la dignidad de la persona garantizan el goce y respeto de su propia entidad e integridad, en todas sus manifestaciones espirituales y físicas".[3]

De este modo es posible enunciar una serie de características propias de los Derechos de la Personalidad:

1. Innatos: porque nacen con el ser humano, por el simple hecho de serlo y no porque el Estado u otra entidad se los otorgue en virtud de ninguna cualidad o situación, limitándose así éste a sólo el reconocimiento de los mismos en los ordenamientos jurídicos.

2. Personalísimos o individuales: porque son propios de una persona como individuo en tanto tal.

---

3 Bustos Pueche, José Enrique, *Manual sobre derechos y bienes de la personalidad*, Madrid, Manuales Jurídicos, 2a. ed., Dykinson, 2008, p. 38.

3. Extra patrimoniales: porque se encuentran fuera del comercio y son indisponibles, aunque existen claras excepciones como el caso del derecho a la imagen, mismo que hoy en día es utilizado como medio de producción de ganancias patrimoniales. Tal es el caso de los y las modelos.

4. Imprescriptibles: porque no prescriben por el transcurso del tiempo, sino que acompañan a la persona de la que son titulares algunas veces, incluso, con posterioridad a la muerte.

5. Absolutos: porque son *erga omnes*, es decir, oponibles ante terceros.

Por otra parte, si bien tanto la nomenclatura como la definición de los derechos de la personalidad han manifestado en su intento de elaboración una amplia diversidad, la clasificación de los mismos también ha sido variada, no obstante, para efectos de rapidez y practicidad, aquí sólo abordaré la realizada por la doctora Elvia Lucía Flores Ávalos,[4] quien divide a los derechos de la personalidad para su estudio en dos grupos, atendiendo a la integridad de la persona: los provenientes de la integridad física y los que se desprenden de la integridad espiritual. De este modo, en el primer grupo (integridad física) incluye el derecho a la vida, a las operaciones quirúrgicas, a los tratamientos y exámenes médicos, a la disposición del cuerpo (disposición de partes separadas del mismo, autolesión y derecho a morir), y a la libertad, tanto sexual como de procreación. En el segundo grupo (integridad espiritual) reúnen los derechos a la igualdad o no discriminación, al honor, a la imagen, a la voz, a la protección de datos personales, a la privacidad en todas sus manifestaciones (hechos, situaciones e informaciones), a la identidad, a la individualidad y al olvido.

---

4 Flores Ávalos, Elvia Lucía, *Responsabilidad civil derivada de las prácticas genéticas,* México, Porrúa-UNAM, 2011, pp. 107 y 108.

Y es precisamente en este segundo grupo de clasificación en el que este trabajo se centra, en especial en los derechos de la imagen, el honor y la privacidad. Por ello es conveniente realizar, al igual que con los Derechos de la Personalidad, un escueto recorrido por sus antecedentes históricos, para después definirlos a partir de las ideas de doctrinarios que ya han profundizado en el tema.

III. Derecho a la imagen, el honor y la vida Privada: evolución e implicaciones prácticas

Aunque se ha sostenido reiteradamente que no hubo regulación de estos derechos en la Antigüedad, en la cultura romana se puede encontrar una base en la institución de la *Actium Injurial,* que resguardaba primordialmente el honor de quien tenía el derecho de acudir ante el pretor para ejercer acción en contra de un tercero que lo hubiera agraviado a fin de que fuera castigado. Consecuentemente, con el cristianismo y el Renacimiento, la idea de los derechos de la personalidad se mostró como una preocupación, principalmente por la igualdad personal, fundamentadas en el marco de libertades que triunfaron años después con la Revolución Francesa en la ya antes referida DUDHC de 1789; sin embargo, como ya comenté previamente, los derechos de la personalidad no fueron amparados en ese documento, y por ende, los relativos a la imagen, el honor y la vida privada, mucho menos. Hasta 1948 con la Declaración Universal de los Derechos Humanos celebrada por la ONU, estos derechos hasta entonces excluidos de la normatividad jurídica, comienzan a tomarse en cuenta al enunciarse en el artículo 12 que nadie podía ser objeto de ataques o injurias a su honra o a su reputación, señalando que para tales efectos, la persona gozaría de la protección de la ley contra las mismas.

Dieciocho años después surge el Pacto Internacional de Derechos Civiles y Políticos, retomando las ideas de la DDH, añadiendo la limitación a las libertades de expresión en cuestiones de respeto a los derechos y reputación de los demás, en pro de la protección de la salud moral pública, aspecto que se retoma y refuerza con posterioridad en la Convención Americana sobre Derechos Humanos o Pacto de San José en 1969 como un derecho de respeto a la honra, dignidad y vida privada, limitando los ataques ilegales a los mismos por la protección de la ley, bajo una sujeción por responsabilidades ulteriores de los derechos de libertad de pensamiento y expresión. Con posterioridad, y atendiendo a los principios de igualdad y de protección a los sectores vulnerables, estos derechos extienden su amparo a los niños en la Convención sobre los Derechos del Niño del 1989.

En nuestro país, México, el amparo a estos derechos se plasma por primera vez en la Constitución de 1917, en sus artículos 6o., 7o. y 16, apuntando en dichas disposiciones la limitación del propio derecho de expresión y de imprenta ante el derecho de respeto a terceros en su vida privada, así como al intervencionismo de la autoridad sin fundamento legal válido. Posteriormente, con el artículo 1916 del Código Civil y la Ley de Responsabilidad Civil para la Protección del Derecho a la Vida Privada, el Honor y la Propia Imagen en el Distrito Federal, del 19 de mayo de 2006, estos derechos quedan amparados por la ley, otorgándole a las personas un marco jurídico de protección cuando sus derechos sean vulnerados sobre la excusa de libertad de expresión, información e imprenta.

De esta forma, ya con un marco histórico de referencia es oportuno definir qué es derecho a la imagen, al honor y a la vida privada. El derecho a la imagen ha sido definido como "la reserva o preservación del propio físico o efigie en tanto que revelador de la persona: significa la no reproducción inconsentida de la propia efigie",[5] es decir, como "'la facultad que tiene toda persona de impedir que se reproduzca su propia imagen, por cualquier medio, sin autorización expresa o tácita', así como la facultad para obtener beneficios económicos por la explotación comercial de la misma".[6] Por su parte, el derecho al honor ha sido definido a grandes rasgos como una cualidad moral elemental de la dignidad de la persona, a partir de la cual, la misma persona desarrolla con otros terceros en virtud de la concepción que estos tienen de ella; y finalmente, el derecho a la privacidad se puede definir, según Julio César Rivera, Gustavo Giatti y Juan Ignacio Alonso,[7] como:

> ... el ámbito comúnmente reservado de la vida, de las acciones, de los asuntos, los sentimientos, creencias y afecciones de un individuo... el que garantiza a su titular el desenvolvimiento de su vida y su conducta... sin injerencias ni intromisiones que puedan provenir de la autoridad o de terceros, y en tanto dicha conducta no ofenda al orden público y a la moral pública, ni perjudique a otras personas.

No obstante, en el plano práctico, estos tres derechos se presentan comúnmente juntos e interrelacionados. Ejemplo de lo hasta ahora comentado es el caso que se dio el pasado 14 de agosto de 2014, en nuestro país, México:

> *La Jornada* en internet: *La Jornada* en línea
>
> Denuncia mujer que foto suya es usada por tabacaleras sin su consentimiento.
>
> Por Rubén Villalpando, corresponsal.

5 Bustos Pueche, José Enrique, *op. cit.*, p. 122.

6 Flores Ávalos, Elvia Lucía, "Derecho a la Imagen y Responsabilidad Civil", Biblioteca Jurídica Virtual del Instituto de Investigaciones Jurídicas, UNAM, p. 372.

7 Alonso, Juan Ignacio, "La cuantificación del daño moral en los casos de lesión al honor, la intimidad y la imagen", *Revista Latinoamericana de Derecho,* núms. 7-8, Sección de Contenido, 2007, pp. 379 y 380.

Ciudad Juárez, Chih. Doña Chole (Soledad Félix), quien cuenta con 72 años de edad, una mujer humilde que vive en la colonia Independencia II, acompañada de familiares denunció que una fotografía de ella es utilizada por empresas tabacaleras, sin su permiso, para mostrar los daños que causa el cáncer.

Al presentarse esta mañana en la Comisión Estatal de los Derechos Humanos (CEDH) en Ciudad Juárez, acompañada de su hija Leticia Félix, dijo que ignora "la forma como las cajetillas de cigarros Fortuna, Delicados y Marlboro, entre otros, obtuvieron una fotografía de cuando ella estuvo internada en un hospital del IMSS en Ciudad Juárez por un infarto que tuvo".

El visitador de la Comisión Estatal de los Derechos Humanos en Juárez, Adolfo Castro Jiménez, dijo, luego de que la señora se presentó ante esa instancia "que es posible que se esté cometiendo el delito de afectar el Derecho de Privacidad en contra de la señora".

Aparte de que están violando ese derecho, también podrían aplicar otros como la discriminación y el daño moral que implica en su persona por aparecer en esa fotografía, donde se encuentra acostada en la sala de terapia intensiva.

La hija menciona que "la gente no se fija cuando abren las cajetillas de cigarros, porque tienen diferentes fotografías, pero al ver una parecida a su mamá sacaron una lupa y ella, y todos sus familiares, comprobaron que se trataba de Chole, su mamá".

Pide que "se investigue la forma como le tomaron la fotografía cuando estaba conectada a un tubo de oxígeno, quién fue y cómo llegó a la tabacalera que imprime su imagen".

La señora estuvo internada en esa institución en un hospital del IMSS aproximadamente en 2009 o principios de 2010, y fue la única ocasión que estuvo en terapia intensiva.

Dijo que nunca supo que su madre fue fotografiada, por lo que alguien dio el consentimiento.

El visitador de la CEDH aseguró que es la Secretaría de Salud la responsable de que aparezca la fotografía en las cajetillas.

> Dijo que las empresas tabaqueras se negaban a que aparecieran esas fotografías en donde advierten el riesgo que tiene fumar; sin embargo, la Secretaría de Salud los obligó a que aparecieran, de tal modo que ellos son los responsables.
>
> La denuncia fue presentada en la colonia Hidalgo, donde Leticia Félix, hija de doña Chole, denunció públicamente que en varias cajetillas de cigarros, pertenecientes a empresas diversas, imprimieron la fotografía de su mamá.
>
> En la foto se aprecia a la anciana acostada en una cama de hospital convaleciente, situación que fue aprovechada por algún reportero gráfico o persona cercana al Instituto Mexicano del Seguro Social y la llevó a cientos de cajetillas de cigarros de empresas distintas.
>
> Dijo que no había denunciado el hecho, que le dio bastante molestia, porque no sabía ante qué instancia acudir. Eso sucedió hace varios meses, a finales de año, lo cual considera reportar a las autoridades correspondientes y exigir una indemnización ante esas acciones insanas, consideradas así por ella.[8]

De esta forma, es posible ver que la mayoría de la población actualmente no tiene conocimiento de qué hacer o a dónde acudir cuando alguno de sus derechos de la personalidad es vulnerado, una situación que se ve agravada en tanto que se carece de una orientación por parte de los mismos funcionarios públicos, ya sea por su ignorancia derivada de su falta de capacitación y actualización, por el fenómeno de la corrupción, o simplemente por la conjunción de ambas, que terminan redundando en perjuicio de las personas que acuden en busca de ayuda, y una adecuada solución.

Como se puede notar en el breve relato del caso, tenemos una clara violación a los derechos de la personalidad de la señora

8 Villalpando, Rubén, "Artículo", La Jornada, link http://www.jornada. unam.mx/ultimas/2014/08/14/denuncia-anciana-que-foto-suya-es-usuada-portabacaleras-sin-su-consentimiento-9727.html

Soledad Félix, y el más evidente es el derecho a la propia imagen, mismo que por las situaciones particulares del caso no termina siendo el único, sino que a él se unen la violación al derecho de honor, y evidentemente, a la vida privada. En consecuencia, la víctima se encuentra en pleno derecho de exigir reparación del daño moral por la responsabilidad civil derivada de un acto ilícito, ejecutado por las empresas tabacaleras Malboro, Fortuna y Delicados, por lo que estas serían las empresas demandadas en calidad de codemandados como personas morales, y eso aunado a una posible responsabilidad de la clínica del IMSS por haber facilitado el acceso a la habitación en donde se encontraba la paciente. Esta situación daría la oportunidad de demandar también al Estado, ello con fundamento en el artículo 1916 del Código Civil para el Distrito Federal y en el artículo 24 de la Ley de Responsabilidad Civil para la Protección del Derecho a la Vida Privada, el Honor y a la Propia Imagen para el Distrito Federal, así como en el artículo 18 del mismo cuerpo normativo en lo relativo a la ilicitud del acto ejecutado por las empresas tabacaleras, y en el artículo 20 del mismo ordenamiento legal para fundamentar las dos pretensiones primordiales: el cese de su publicación y la reparación de los daños ocasionados.

En el mismo sentido, la responsabilidad estatal se encuentra en el menoscabo del patrimonio moral de la señora Soledad Félix en los términos del artículo 26, párrafo primero. En consecuencia, se pueden alegar la configuración del daño moral en los términos del artículo 36 de la Ley de Responsabilidad Civil, y el derecho de la víctima de exigir la reparación del mismo, en el cual se reclamarán la afectación a la imagen de la señora al publicar su imagen haciendo alusión expresa a que su internamiento en el hospital fue a consecuencia de fumar tabaco, afirmaciones que al ser falsas, dañan el honor de la persona, causándole una imagen errónea frente a los terceros con quienes se relaciona, y pudo haber dañado alguna de sus relaciones. Desprendido de lo mismo, ello afecta primordialmente a la imagen de la señora, quien no autorizó de ninguna forma ni su captación ni su publicación, invadiendo con tales actos su privacidad sin causa de justificación alguna, puesto que su perfil no se configura bajo una figura de interés público, y la situación médica de la misma no logra ser de la misma clase de interés, según lo dispuesto por lo definido en el artículo 7o. de la Ley de Responsabilidad Civil. Así pues, tenemos que el menoscabo al patrimonio moral de la señora Soledad Félix, se configura mediante una violación a tres derechos de la personalidad de la misma: el derecho a la imagen, al honor y a la vida privada. En consecuencia, como abogada, solicitaría al juez:

1. Indemnización pecuniaria a cargo de las empresas tabacaleras ejecutoras del acto ilícito, en relación con la conjunción de violaciones de los derechos antes enunciados, tomando en cuenta la amplia difusión de la publicación de las imagen no consentida de la víctima, hecho que degrada su honor bajo aseveraciones falsas en las mismas publicaciones respecto de la causa de su internamiento médico, evidenciado en la imagen aludida.

2. Indemnización pecuniaria a cargo del Estado por la negligencia de su dependencia de salud (IMSS), por la captación no consentida de la imagen de la víctima, invadiendo su vida privada, y en goce de la situación de superioridad en la que tal dependencia se encontraba con respecto de la evidente inconsciencia de la víctima derivada de su situación de salud.

3. Indemnización a cargo de los médicos y/o personal encargado de la víctima durante su estancia en la clínica donde acontecieron los hechos por violación al secreto profesional, que evidentemente, se vio violado con la captación de la imagen de la víctima para su posterior publicación, lo anterior

con fundamento en el artículo 213 del Código Penal para el Distrito Federal en su segundo párrafo.

4. Publicación de la sentencia en los términos y condiciones expresados por la Ley de Responsabilidad Civil, según su artículo 39.

IV. Fuentes

1. Libros

Bustos Pueche, José Enrique, *Manual sobre derechos y bienes de la personalidad*, Madrid, Manuales Jurídicos-Dykinson, 2a. ed., 2008.

Flores Ávalos, Elvia Lucía, *Responsabilidad civil derivada de las prácticas genéticas*, México, Porrúa-UNAM, 2011.

2. Revistas

Alonso, Juan Ignacio, "La cuantificación del daño moral en los casos de lesión al honor, la intimidad y la imagen", *Revista Latinoamericana de Derecho*, núms. 7 y 8, Sección de Contenido, 2007.

Dienheim Barriguete, Cuahutémoc Manuel, "El derecho a la intimidad, al honor y a la propia imagen", *Derechos Humanos. Órgano Informativo de la Comisión de Derechos Humanos del Estado de México*, núm. 57, Sección de Previa, 2002.

Flores Ávalos, Elvia Lucía, "Derecho a la imagen y responsabilidad civil", Biblioteca Jurídica Virtual del Instituto de Investigaciones Jurídicas, UNAM, consultado en biblio.juridicas.unam.mx/libros/4/1943/21.pdf.

3. Notas periodísticas

Villalpando, Rubén, "Denuncia mujer que foto suya es usada por tabacaleras sin su consentimiento", 14 de agosto de 2014, consultado en: http://www.jornada.unam.mx/ ultimas/2014/08/14/denuncia-anciana-que-foto-suya-es-usuadapor-tabacaleras-sin-su-consentimiento-9727.html.

4. Legislación

Código Civil para el Distrito Federal.

Código Penal para el Distrito Federal.

Ley de Responsabilidad Civil para la Protección del Derecho a la Vida Privada, el Honor y a la Propia Imagen para el Distrito Federal.

INTEGRIDAD FÍSICA

EL CASO DE LA CRIOGENIA

Verónica Garzón Bonetti[1]

SUMARIO: I. ¿QUÉ SON LOS DERECHOS DE LA PERSONALIDAD? II. ¿QUÉ ES LA CRIOGENIA? III. HISTORIA DE LA CRIOGENIA. IV. LOS DERECHOS DE LA PERSONA CRIO PRESERVADA. V. LOS PROBLEMAS DE LA CRIOGENIA. VI NOTICIA. VII. FUENTES.

I. ¿QUÉ SON LOS DERECHOS DE LA PERSONALIDAD?

Son un conjunto de derechos que son parte de las personas. Es importante distinguir los derechos de la personalidad de los derechos humanos. Los primeros pertenecen a la rama del derecho privado, pues se refieren a situaciones o a relaciones entre particulares. Los segundos pertenecen al derecho público, y son principios que deben ser reconocidos y protegidos por el Estado. En este sentido, los derechos de la personalidad responden a ciertas cualidades morales de las personas.

Los derechos de la personalidad no pueden ser transmitidos de generación en generación como si se trataran de una herencia (intransmisibles), lo que no significa que los parientes consanguíneos no puedan defender o tutelar los derechos de sus parientes; no pueden ser sujeto de embargo porque no pertenecen al ámbito patrimonial (inembargables); inalienables; no pueden ser extinguidos por el solo transcurso del

1 Estudiante de Derecho de la Facultad de Derecho y de la Universidad Nacional Autónoma de México, prestadora de servicio social en el Instituto de Investigaciones Jurídicas.

tiempo (imprescriptibles); de igual manera, el sujeto no puede renunciar a ellos (irrenunciables).

Una de las principales características de los derechos patrimoniales es, que si en algún momento llegara a violarse o menoscabarse el derecho de una persona, esta violación puede ser reparada con dinero.

Los derechos de la personalidad son el derecho a la vida, derecho a la integridad corporal, derecho a la disposición del cuerpo, derecho a la imagen, derecho a su privacidad, derecho al respeto de la correspondencia y derecho de autor. En este trabajo se estudia el tema de la criogenia como facultad que tiene la persona para disponer de su cuerpo.

II. ¿Qué es la criogenia?

John Stuart Mill en su obra *La libertad* sostiene que: "La única parte de la conducta de cada uno por la que él es responsable ante la sociedad, es la que se refiere a los demás. En la parte que le concierne meramente a él, su independencia es, de derecho, absoluta. Sobre sí mismo, sobre su propio cuerpo y espíritu, el individuo es soberano".[2] Esta concepción da pie a que existan derechos de la disposición del propio cuerpo, ya sea para donaciones, trasplantes, etcétera y nos interesa la criogenia o también conocida como criónica o crio preservación.

La criogenia es la tecnología de la congelación aplicada a cuerpos y organismos con la finalidad de mantenerlos en un estado de animación suspendida por un periodo de tiempo, y en un futuro poderlos descongelar y reanimarlos.

---

2 Stuart Mill, John, *La libertad*, vol. 1, núm. 24, Madrid, La Nave, 1931, pp. 112.

Esta tecnología consiste en someter al cadáver a temperaturas extremamente bajas de nitrógeno, y así mantener el cuerpo hasta que la tecnología haya mejorado y sea capaz de restablecer los tejidos humanos, y reiniciar la actividad neurológica y cardíaca de la persona.

Para que esta futura reanimación sea efectiva al iniciar el proceso, el cadáver debe estar en las mejores condiciones y debe realizarse de la manera más rápida una vez que se ha declarado la muerte, para que no se deterioren los órganos; esto es muy importante porque aun cuando el corazón de una persona deja de latir, y ésta muere, los órganos del cuerpo, a nivel celular, siguen intactos.

III. HISTORIA DE LA CRIOGENIA

El concepto de criogenia fue utilizado por Robert Ettinger,[3] el creador del *Cryonics Institute* en su libro *The Prospect of Inmortality*; este libro está basado en una investigación realizada en ese campo por el biólogo francés Jean Rostand. Ettinger es reconocido como el fundador del movimiento criónico, que comenzó con su postulado filosófico de que todos los pacientes que estuvieran en estado de hibernación criónica debían ser tratados de la misma manera que cualquier otro paciente con cáncer o cualquier otra enfermedad, y que cada uno tiene sus protecciones individuales; y de igual importancia, aquél que sostenía que la inmortalidad obtenida a través de la criogenia nos llevaría a ser mejores seres humanos, mucho más conscientes del valor de la vida y mucho más racionales en cuanto a nuestra concepción del otro.[4]

---

3 http://www.cryonics.org/about-us/

4 Tandy, Charles y R. Stroud, Scott, *The Philosophy of Robert Ettinger*, Estados Unidos, Universal Publishers, 2002, pp. 11.

Ettinger se dedicó también a analizar los aspectos ético-legal y legal-filosófico de las personas sometidas a la criogenia. Sentó las bases para para considerar los derechos de las personas congeladas, así como su libertad de decisión para ser congeladas o no, al morir. Estos últimos puntos los fue desarrollando a lo largo de sus obras posteriores, sobre todo *Man into Superman*.

Posteriormente, Ettinger funda la Sociedad Inmortalista, que fue cuna de todos los demás científicos y filósofos de la época que estuvieran interesados en el campo de la criogenía. En 1976 Ettinger y otros miembros de la Sociedad Inmortalista decidieron crear el Cryonics Institute que fue la primera institución que llevaba a cabo no sólo investigaciones sino verdaderos experimentos con las teorías de la criogenia. En ese mismo año se creó también una de las actuales y más importantes instituciones dedicadas a la criogenia: Alcor.

Con el tiempo se descubrió que la congelación generaba cristales de hielo en los tejidos y en los órganos de las personas crio preservadas, así que se empezaron a investigar soluciones con nuevas tecnologías para evitar ese daño, generado por la cristalización. En 1980 se empezó a practicar la vitrificación, que consiste en un método similar de manejo con muy bajas temperaturas para poder solidificar un cuerpo.

La vitrificación representó la solución a los problemas que generaba el congelamiento, porque con esta nueva técnica se logra convertir al cuerpo —sometido al enfriamiento— en un sólido amorfo. Para que la vitrificación sea efectiva, se requiere que el enfriamiento sea sumamente rápido utilizando una solución concentrada de nitrógeno líquido, que no cristaliza durante el proceso de congelación y se vuelve más viscoso conforme la temperatura va disminuyendo (es decir, que son inversamente proporcionales: mientras una baja la temperatura rápidamente, la otra debe aumentar con igual rapidez) hasta formar el sólido necesario.

IV. Los derechos de la persona crio preservada

Como un derecho de la personalidad, la disposición del cuerpo implica que una persona tiene derecho a decidir o disponer libremente. El derecho de disposición del cuerpo se entiende en tres facetas: 1) disposición de partes separadas de cuerpo; 2) autolesión; y 3) derecho a morir.

A mi parecer, la criogenia sería una mezcla entre la disposición de partes separadas del cuerpo y el derecho a morir, porque se requiere de una voluntad anticipada por parte de la persona (como sería el caso de la eutanasia) para decidir sobre si acepta ser crio preservada; con esto me refiero a que se requieren del mismo tipo de formalidades para que se lleven a cabo la eutanasia, y para que se dé la crio preservación humana. A la vez se requiere del derecho de disposición que tiene cada persona sobre su cuerpo, incluso después de la muerte. En el caso de la criogenia, se dispone del propio cuerpo para apoyar la investigación en este campo de la ciencia, pero no consiste en una simple donación (como normalmente suelen ser este tipo de actos), sino que se trata de un contrato entre la empresa crio preservadora y la persona que busca ser crio preservada.

De acuerdo con lo anterior, es esencial tomar en cuenta y respetar la voluntad de la persona para llevar a cabo este acto jurídico de disposición. La voluntad como elemento esencial del contrato requieren ciertas formalidades. En los institutos principales de Estados Unidos, la persona que quiere ser crio preservada debe llenar un formulario con datos personales sobre enfermedades que tenga la persona, raza, contactos de emergencia, etcétera. Requisitos para poder llevar a cabo el proceso de la mejor manera posible. Además, se pide el número de tarjeta de crédito para realizar el pago de la membresía, así como la creación de un fondo personal para pagar el servicio por los años que se mantenga en el estado de vitrificación.

Me parece importante recalcar que, dado el supuesto de que, en un futuro, efectivamente se logre revivir a los pacientes hoy sometidos al tratamiento, el paciente resucitado contará con los mismos derechos, solo que ahora será capaz de ejercerlos por sí mismo, y en caso de que la resucitación no haya salido como se planeó, o se hayan presentado daños físicos o neurológicos, puede ejercer la acción correspondiente para el pago de daños y perjuicios.

V. Los problemas de la criogenia

Estoy completamente a favor de la libertad y el derecho que tiene cada persona de decidir qué quiere hacer con su cuerpo una vez que muera, pero es importante tener ciertas consideraciones sobre los problemas que puedan derivar de este tipo de tecnología; sobre todo si no se encuentran bien reguladas en el marco normativo de un país.

El primer problema se encuentra en el límite legal para este tipo de experimentos científicos: por un lado, se defiende la libertad del ejercicio científico, y por el otro, se busca proteger de la manera más amplia al individuo. Si se logra un balance entre ambas, se puede desarrollar en el ámbito legal y científico; pero cuando no se equilibra óptimamente, los resultados pueden ser catastróficos, porque implican una libertad demasiado amplia para la experimentación, o una regulación demasiado estricta. Los riesgos existentes en un caso como éste son el resultado del poder científico y médico. De acuerdo a eso, demasiado poder médico o científico es peligroso. Y con lo anterior, se crean dos discursos opuestos: "el uso de tecnologías como práctica médica diseñada para ayudar a la gente y su abuso como parte de la práctica experimental"[5]

El segundo problema que me viene a la mente es el de la incertidumbre. La crio preservación es, por así decirlo, una apuesta: la persona que se somete al proceso sabe con anticipación que los resultados no son seguros, que todo se trata de una mera expectativa de que en un futuro sea factible revivirlo, pero no hay garantía alguna. En pocas palabras, el contrato al que se somete la persona que quiere ser vitrificada es un contrato aleatorio a futuro. Esta incertidumbre podría ignorarse si se tratara de cualquier cosa, pero aquí estamos hablando de un cuerpo humano con derechos especiales, se vuelve necesario que, aunque no haya certeza, por lo menos exista un tipo de garantía en caso de que no salga como se planee.

Otro punto importante a considerar es el hipotético caso en que, efectivamente, se presente la reanimación. Muchas de las teorías que sostienen la base científica de la criogenia tienen un pequeño hueco cuando se trata de la neuro-preservación, es decir, la vitrificación del cerebro. De todos los órganos, el más complicado es el cerebro, porque ahí se encuentran todas las memorias: los sentimientos, la identidad y la percepción misma de una persona. Si el paciente llegara a revivir es muy difícil pensar que su mente va a revivir con él de la misma manera, como si despertara de un sueño. Lo que sucede con la vitrificación es, que se puede solidificar el órgano, pero no hay hasta ahora una prueba científica de que esas memorias del cerebro se mantengan ahí durante todo el proceso.

---

5 Augst, Charlotte, "Social & Legal Studies", vol. 9, *Regulating Dangerous Futures: The German Embryo Protection Act of 1990-Legislation in Risk Society,* 2000.

Lo anterior me lleva a dos cosas: la primera, que puede haber un gran daño a nivel neurológico, ya sea por pérdida de memoria o pérdida de funciones motoras (totales o parciales); la segunda, que existe la preocupación, y con razón, de que la persona que despierta, no es la misma. Respecto el segundo punto, creo que todo el avance de la ciencia está olvidando el impacto que puede tener sobre el individuo cuando despierte, en un contexto completamente diferente; aunque él mismo esté consciente de lo que pueda suceder al someterse al tratamiento, se deben tener ciertas consideraciones con esa persona, ya sea un tipo de rehabilitación para disminuir las posibles afectaciones mentales, por el cambio, y evitar a toda costa un menoscabo en la identidad de la persona o percepción que tiene sobre sí misma.

Mientras el sujeto esté en estado criónico, el estatus legal es de un cadáver. Esto genera mucha controversia porque resulta incoherente pensar que el cadáver es un paciente, y sus derechos y las obligaciones contraídas por el contrato de criogenia las debe proteger una persona, con capacidad jurídica para velar por los derechos del posible reanimado.

En mi opinión, el paciente no debería ser considerado como un cadáver sino más bien, un cuerpo humano con expectativas de vida y, por lo tanto, hay que determinar los derechos y las cláusulas del contrato, así tendrá más protección.

De acuerdo con la perspectiva de las instituciones criogénicas, éstas, en el momento inmediato de la muerte del paciente, se vuelven los guardianes legales. Con ese carácter tienen la facultad de disponer del cuerpo del paciente para sus fines científicos, siempre sujetos al contrato firmado; pero tienen la obligación de cuidar de él hasta que sea reanimado en un futuro.

El paciente debe estar protegido de cualquier situación que ponga en riesgo ser revivido con éxito, esto se debe prever en el contrato.

Otro aspecto muy importante es el de la familia: ellos deben conocer el contrato, el testamento, o el acto jurídico, los recursos económicos y la forma de administrarlos, saber quiénes tienen facultades para decidir y determinar responsabilidades del equipo encargado del procedimiento de crioconservación.

A manera de conclusión, me gustaría agregar que cualquier tipo de procedimiento de criogenia debe estar sujeta a la responsabilidades que determinen las instituciones científicas y médicas para garantizar a los interesados y a los familiares de los ya crioconservados los términos y condiciones para intentar proteger al cadáver, ya que se espera que su muerte sea transitoria.

VI. Noticia

Vinton, Nathaniel, "Cabeza congelada de Ted Williams usada para prácticas de bateo en laboratorio de criogenia: libro", *Daily News Staff Writer*, viernes 2 de octubre de 2009.

Cabeza de Ted Williams fue maltratada por empleados de Alcor Life Extension Foundations en Scottsdale, Arizona, afirma un informante.

Trabajadores de la clínica de criogenia en Arizona mutilaron la cabeza congelada de la leyenda de béisbol Ted Williams usándola para una práctica de bateo, se afirma en el nuevo libro *Frozen*.

En *Frozen*, Larry Johnson —un antiguo trabajador de Alcor— describe gráficamente cómo Williams fue decapitado y repetidamente maltratado. EL libro cuenta cómo el cuerpo de

Williams se convirtió en "Alcorian A-1949" en las instalaciones de Alcor, donde los cuerpos son mantenidos en nitrógeno líquido en caso de que futuras generaciones aprendan cómo revivirlos.

Johnson escribe que en julio de 2002, poco después de que el jugador de los Red Sox muriera a los 83 años, médicos sin algún tipo de certificación, fotografiaron y decapitaron el cuerpo.

La cabeza de Williams fue posteriormente congelada y usada como parte de una práctica de bateo por un técnico que buscaba remover una lata de atún que se había atorado.

Johnson escribió su libro con miedo, pues afirma haber recibido amenazas, y tuvo que ser transportado a una casa segura. Johnson planea salir de su escondite el martes, con su libro, y una aparición en el show "Nightline" de ABC. Johnson afirma que en sus últimos tres meses en Alcor traía una grabadora de audio con él todo el tiempo, robó archivos y tomó fotografías que se muestran en su libro.

El libro describe las atrocidades que ocurren en las instalaciones de Alcor, Arizona, incluyendo el desmembramiento de perros vivos para experimentación, y un caso donde sangre humana y químicos tóxicos fueron desechados en la alcantarilla de un estacionamiento.

También describe la sospechosa situación de dos cuerpos congelados en cilindros de acero: uno pertenece al defensor de los derechos de los homosexuales John Dentinger, y Dora Kent, una anciana cuyo hijo, Saul Dent, donó mucho dinero a Alcor.

Nada en el libro es más horrible que la descripción de lo que le pasó al cuerpo de Williams tras ser mandado a Alcor por el hijo de Williams, John Henry Williams, quien murió de leucemia en 2004.

En 2003, *The News* reportó que Buzz Hamon, gran amigo del jugador y antiguo director del Museo de Ted Williams, se escabulló a las instalaciones con la ayuda de un empleado de la funeraria. Hamon dice que estaba sorprendido por las condiciones del lugar, donde el cuerpo de Williams, y otros 50, se encontraban guardados en tanques de acero junto con cajas de cartón y basura. Hamon murió en 2004, presuntamente por suicidio.

Johnson escribe que se perforaron hoyos en la cabeza de Williams para insertar micrófonos, luego se congeló en nitrógeno líquido, mientras que los empleados de Alcor grababan los sonidos del cráneo quebrándose 16 veces, al tiempo que las temperaturas bajaban a -321 grados Fahrenheit.

Johnson describe que la cabeza fue balanceada sobre una lata de atún vacía para evitar que se pegara al fondo del recipiente. También describe cómo otro empleado retiró la cabeza del congelador con un palo y trató de remover la lata con una llave inglesa. El empleado no lograba retirar la lata y golpeó varias veces la cabeza congelada, desprendiendo algunos pedazos por el piso.

Johnson acusa a la Compañía de decir, en broma, que mandarían por correo los pedazos de cabeza derretida a la familia de Williams si no pagaban su deuda con la Compañía. Fuentes internas sostienen que el presidente de Alcor, John Lemler, cobró 120,000 dólares por "suspender" el cuerpo de Williams.

Johnson, un antiguo paramédico, alertó al público sobre Alcor en 2003, en un artículo para la revista *Sports Ilustrated* sobre el cuerpo de Williams. En ese momento criticó un intento fallido de esfuerzos internos para mostrar fotos del cuerpo congelado.

Johnson espera que su libro ayude a cumplir con los deseos de Williams expresados en su testamento: que su cuerpo sea cremado y las cenizas "esparcidas en el mar de la costa de Florida, donde el agua es muy profunda".[6]

Si yo fuera familiar de Ted Williams, o de cualquier otro crio-consrevado que hubiera sido maltratado, pediría antes que me entreguen su cuerpo para poder darle un entierro, esto se

6 Traducción personal. Noticia transcrita del artículo de *NY Daily News* por Nathaniel Vinton.

lograría con la rescisión del contrato. Posteriormente, pediría una investigación seria sobre lo que realmente está sucediendo en Alcor, y que alguna autoridad revise las instalaciones, y la calidad con la que tratan a los cuerpos. Sería conveniente, también, pedir una disculpa pública por parte de Alcor y sus empleados, y la destitución de todos los responsables. En la parte monetaria, pediría: 1) el reembolso de todo el dinero invertido en la cuenta de Alcor; 2) pago de cualquier inversión extra que le haya costado a mi familia mantener a Ted Williams congelado; 3) una indemnización por todo lo que Ted Williams dejó de percibir al haberle sido arrebatada su oportunidad de ser reanimado en el futuro, además del daño físico que le fue ocasionado por todos los maltratos, y 4) el pago del entierro digno.

También solicitaría la claridad de las políticas de las empresas, la facultad de que los familiares o responsables legales tengan el derecho de información sobre el estado que guardan los cuerpos, los reportes técnicos del procedimiento de conservación, el consentimiento por escrito de cualquier procedimiento de investigación que hicieran sobre el cuerpo y los resultados del mismo, así como el derecho a visitar el cuerpo.

VII. Fuentes

1. Libros

Morgan, Howard, *Cryonics, 127 success secrets*, Estados Unidos, Emereo Publishing, 2014.

Stuart Mill, John, *La libertad*, Madrid, La Nave, vol. 1, núm. 24, 1931.

Tandy, Charles y R. Stroud, Scott, *The Philosophy of Robert Ettinger*, Estados Unidos, Universal Publishers, 2002.

2. Páginas de internet

http://www.nydailynews.com/news/national/ted-williams-frozen-head-batting-practice-cryogenics-lab-book-article-1.381985, consultado el 9 mayo de 2015.

www.alcor.org, consultada el 5 mayo de 2015.

www.cryonics.org, consultada el 5 de mayo de 2015.

3. Artículos de revistas

Augst, Charlotte, "Regulating Dangerous Futures: The German Embryo Protection Act of 1990-Legislation in Risk Society", en *Social & Legal Studies*, vol. 9, núm. 2, junio de 2000.

AUTOLESIONES

Esmeralda Flores Marcial[1]

SUMARIO: I. DERECHOS DE LA PERSONALIDAD Y LAS AUTOLESIONES. II. MARCO NORMATIVO. III. CASO CONCRETO. IV. SUGERENCIAS. V. FUENTES.

I. DERECHOS DE LA PERSONALIDAD Y LAS AUTOLESIONES

Autolesión es la directa y deliberada destrucción de tejido corporal sin la intención de suicidio.[2] Esta definición genérica de autolesiones puede incluir tatuajes, *piercings*, y otras modificaciones corporales. Es importante comprender qué son los derechos de la personalidad, identificar su clasificación, y posteriormente, localizar las autolesiones dentro de ésta. Entendido todo esto, se puede analizar el marco normativo mexicano actual sobre el tema, hacer sugerencias y finalizar analizando un caso práctico.

La siguiente definición, aunque larga, nos ayudará no sólo a conocer el concepto de derechos de la personalidad, sino también la clasificación de éstos. El doctor Julián Güitrón Fuentevilla establece sobre los derechos de la personalidad:

1 *Estudiante de Derecho en la Facultad de Derecho en la Universidad Nacional Autónoma de México.*

2 Knock, Matthew K., "Self- Injury", *Annual Review of Clinical Psycology*, Estados Unidos, vol. 6, 2010, pp. 6:339–63, http://www.annualreviews.org/doi/pdf/10.1146/ annurev.clinpsy.121208.131258.

> Es el nombre tradicional que se le ha dado a estos derechos autopersonales que son innatos o personales. Atendiendo a su naturaleza jurídica, su denominación correcta es derechos subjetivos humanos fundamentales de la persona física jurídica, que comprende los de materia civil y familiar. Entre los primeros encontramos la protección física, material, externa, corpórea, dentro de la cual se encuentran el derecho de protección de la vida del cuerpo, de sus partes, de su integridad física, de la imagen y de la disposición del cuerpo y sus partes. En cuanto a la protección íntima, interna, material o corpórea, que comprende el derecho a la intimidad, de la integridad moral, de la dignidad humana...[3]

Usando esta clasificación, se puede señalar que dentro del derecho a la disposición del cuerpo y sus partes se encuentran tanto las autolesiones como las cirugías estéticas. Estos derechos también se pueden catalogar como derechos del hombre sobre el propio cuerpo, o derecho a la presencia estética.

II. Marco normativo

La legislación, si bien hay pocas referencias exactas, encontramos que los tatuajes son ejercidos a la presencia estética, el cual está íntimamente ligado a la dignidad de la persona; el artículo 1o., párrafo 5, de la Constitución Política de los Estados Unidos Mexicanos establece:

> Queda prohibida toda discriminación motivada por origen étnico o nacional, el género, la edad, las discapacidades, la condición social, las condiciones de salud, la religión, las opiniones, las preferencias sexuales, el estado civil o cualquier otra

---

3 Güitrón Fuentevilla, Julián, "Derechos de la personalidad", en Magallón Ibarra, Mario (coord.), *Compendio de términos de derecho civil*, México, Porrúa, 2004, p. 179 y 180.

> que atente contra la dignidad humana y tenga por objeto anular o menoscabar los derechos y libertades de las personas.[4]

También la Ley Federal para Prevenir y Eliminar la Discriminación, en su artículo 9o., fracción XXVIII expresa: "Con base en lo establecido en el artículo primero constitucional y el artículo 1o., párrafo segundo, fracción III, de esta ley, se considera discriminación entre otros.[5]... fracción XXVIII:

> Realizar o promover violencia física, sexual, o psicológica, patrimonial o económica por la edad, género, discapacidad, apariencia física, forma de vestir, hablar, gesticular o por asumir públicamente su preferencia sexual, o por cualquier otro motivo de discriminación.[6]

Hasta ahora, ninguna norma habla de un derecho a la modificación corporal explícitamente. Se enfocan en la discriminación que, por cualquier motivo, pueda atentar contra la dignidad. Además se puede analizar este tema desde el derecho al trabajo, que es donde hay más énfasis en erradicar la discriminación a causa del aspecto físico. En esta rama existen incluso tratados, como la Declaración Universal de Derechos Humanos o el Pacto Internacional de Derechos Económicos, Sociales y Culturales, a nivel nacional esta la Ley Federal del Trabajo que protegen a las personas contra la discriminación en el ámbito laboral.

Por otro lado, está la Ley General de Salud que regula los establecimientos para asegurarse que cumplan con los requisitos de salubridad según lo dispuesto por esta en su artículo 268 bis. Además el artículo 268 bis-1 menciona:

---

4 Constitución Política de los Estados Unidos Mexicanos.

5 Ley Federal para Prevenir y Eliminar la Discriminación.

6 *Ídem.*

Queda prohibido realizar tatuajes, micro pigmentaciones y perforaciones a personas menores de 18 años de edad, así como aquellas que no se encuentren en pleno goce de sus facultades mentales. En el caso de las acciones antes mencionadas, sólo podrá exceptuarse lo anterior cuando los menores de 18 años estén acompañados de uno de sus padres o tutor previa acreditación de tal carácter, o cuenten con la autorización por escrito. La violación de esta disposición se sancionará en los términos previstos en el artículo 419 de esta Ley, y conllevará a la revocación definitiva de la autorización respectiva.[7]

III. Caso concreto

"Deténganlo, deténganlo, se está metiendo al avión"... con brazos tatuados; era Panteón Rococó, con este título se dio a conocer en el noticiero de Carmen Aristegui un evento que conmocionó a las redes sociales, y sobre todo, a los amantes del género musical *ska*. El grupo Panteón Rococó se preparaba para regresar a la Ciudad de México después de una gira por Estados Unidos, cuando en el aeropuerto de Ciudad Juárez, el vocalista, Juan Román Ibarra, mejor conocido como "Dr. Shenka", fue víctima de discriminación por parte de uno de los empleados de Interjet. Esto debido a los tatuajes en sus brazos, pues el empleado se reusó a darle acceso al avión, a menos de que se cubriera. Tanto fue el empeño por seguir una regla de la compañía, erróneamente interpretada, de no poder abordar con el torso descubierto, que el empleado llamó a la policía federal.

Interjet fue rápido en expedir un comunicado aclarando que ellos no discriminan a nadie por ninguna razón, pues actúan conforme a la ley, y aseguran haber iniciado la pertinente investigación interna. No obstante, se puede usar el marco normativo actual para conseguir soluciones adicionales.

7 Ley General de Salud.

Las acciones aplicables al caso pueden ir desde la reparación de daños morales, mediante pago monetario, hasta el resarcimiento del daño moral, con una disculpa pública por parte de la empresa, algo más elaborado que el comunicado que dieron a conocer. Asimismo, pedir la capacitación en materia de discriminación y tolerancia para todo el personal de Interjet, evitaría futuros percances. El límite no tiene que ser sólo la educación del personal; sino también se podría solicitar a la empresa involucrada que financie una campaña contra la discriminación. Esto incluiría propaganda, foros educativos, incluso donaciones a asociaciones civiles que también apoyen esta causa. El vocalista podría ser la imagen de dichas campañas para ayudar a erradicar la discriminación, fomentando la educación y concientización de que la apariencia física no tiene nada que ver con las virtudes, ni mucho menos con las capacidades profesionales.

IV. Sugerencias

Si bien, con la presente legislación se puede llegar a soluciones muy acertadas, existen algunas innovaciones, a mi criterio, necesarias para el mejoramiento de la regulación de las llamadas autolesiones.

Se debe empezar por la denominación, ya que la palabra autolesión lleva en sí una connotación negativa, la cual es indispensable eliminar, pues no se puede brindar protección real cuando la misma doctrina los asocia con algo "malo". El término "modificación corporal" tiene un sentido más neutral y es el que se recomienda. Asimismo, considero más apropiado adoptar la postura del doctor Ernesto Gutiérrez y González, cuya clasificación de las modificaciones corporales está dentro de los derechos de la personalidad, pero visto desde la parte social-pública, y no sólo como parte de un derecho a disponer del propio cuerpo. Es decir, si bien las modificaciones corporales son un cambio físico, la mayoría de las veces a simple vista, también es parte de la identidad y forma de ser del individuo. Los tatuajes son mucho más que un adorno. Están asociados con los ideales, vivencias, carácter, son parte de su ser. Los tatuajes no definen lo que es una persona, éstos son definidos por lo que una persona es. Mantras budistas, nombres de familiares, animales o una simple cruz llevan toda una carga para esa persona. Es por esto que su clasificación dentro del derecho a la presencia estética es más acorde con lo que se quiere defender, debido a que éste "tiene su raíz misma en la dignidad de la persona, en el sentido de respeto que ella tenga de sí misma, y está ligado de manera indudable con el Derecho al honor... [Aquí está] el sentimiento de lo que el individuo considera, debe ser su presencia física ante la sociedad...".[8] Es precisamente esta sociedad, toda o en parte, quien a su vez acepta o rechaza la presencia del sujeto. Es en dicha situación donde la discriminación puede surgir.

Pero no sólo en la doctrina puede haber mejoras. A menudo la realidad va muy por delante de la legislación. Como tal, no hay una regulación específica para el derecho a la presencia estética, como se observó en los anteriores apartados. Incluso en el Código Civil, donde deberían contemplarse con mayor atención los derechos de la personalidad, los artículos son pocos y dispersos. La necesidad de legislar sobre estos derechos, en particular, el derecho a la presencia estética,[9] es más que evidente.

---

8 Gutiérrez y González, Ernesto, *El patrimonio: el pecuniario y el moral o derechos de la personalidad,* 5a. ed., México, Porrúa, 1995, p. 825.

9 Iniciativa que reforma los artículos 3o. y 133 de la Ley Federal del Trabajo a cargo de la diputada Diana Patricia González Soto, del Grupo Parlamentario del PRI, *Gaceta Parlamentaria,* núm. 3248-VII, martes 26 de abril de 2011, http://gaceta.diputados.gob.mx/Black/Gaceta/Anteriores/61/2011/abr/20110426-VII/Iniciativa-3.html.

La trascendencia yace en que la mayoría ve a estos derechos como resultado de otros o en conjunto con otros, como es el caso del derecho al trabajo; sin embargo, deben ser considerados por su propia virtud. Esto se logrará ubicándolos como derechos patrimoniales, ya que el patrimonio no sólo consiste en bienes materiales, sino que tiene un aspecto moral, pero sobre todo, viéndolos como derechos subjetivos, no "sólo como consecuencia del estudio de otras ramas del Derecho, en especial del mal llamado Derecho público".[10] Es más, se necesita verlos como derechos fundamentales, como mencionaba el doctor Güitrón Fuentevilla; de esta forma, se logrará su protección indiscutible mediante la Constitución.

Si bien es entendible la razón por la cual en el artículo 268 bis-1 de la Ley General de Salud se ponen ciertas restricciones a los tatuajes, micro pigmentaciones y perforaciones, resultan insuficientes las limitaciones, si no se ha establecido con claridad que es derecho de la personalidad. De hecho, tampoco existe nada que diga, con todas las letras, que se prohíbe la discriminación por esta misma razón. Lo que es más "[...] las leyes para regular el mercado del tatuado en México en lugar de ayudar, han provocado que los menores de 18 años asistan a lugares clandestinos que carecen de permisos, para realizarse grabados corporales, modificaciones o perforaciones, lo que pone a los infantes en riesgo sanitario".[11]

No obstante, no sirve de nada criticar si no se aportan soluciones. Revisado el marco normativo que existe para regular a los derechos de la personalidad, es importante recalcar que la falta de reconocimiento apropiado de estos derechos tiene

10 Gutiérrez y González, Ernesto, *op. cit.*, nota 3, p. 739.

11 Realizan en San Lázaro "Foro en contra de la discriminación de personas con tatuajes." Cámara de Diputados, Boletín núm. 4832, 15 diciembre 2014, http://www5.diputados.gob.mx/index.php/esl/Comunicacion/Boletines/2014/Diciembre/15/4832-Realizan-en-San-Lazaro-foro-en-contra-de-la-discriminacion-depersonas-con-tatuajes.

consecuencias negativas en la esfera jurídica de las personas. Los derechos son propensos a ser violentados por causa de lagunas jurídicas en la materia. Es innegable que las personas con tatuajes y perforaciones, en pleno 2015, siguen siendo discriminadas por tener estas modificaciones. Esto pasa en el ámbito profesional donde "el 90 por ciento de las personas que deciden borrarse un tatuaje lo hace por causas laborales".[12] Asimismo, hay discriminación y segregación para realizar estudios profesionales, incluso, se llega a negado el acceso a personas con dichas modificaciones a lugares públicos y de convivencia familiar. Todo ello por la asociación de éstos con la delincuencia, lo cual se ha vuelto un tabú, que en la actualidad es sustentado por la estigmatización de las personas que son diferentes a nosotros.[13] Por esto propongo una simple adición al artículo 1o. constitucional, el cual, al ser la norma suprema de la nación, afectará de igual manera a todos los otros ordenamientos, pues el derecho a la presencia estética habrá alcanzado por fin el rango de derecho fundamental. Éste quedaría de la siguiente manera:

> Queda prohibida toda discriminación motivada por origen étnico o nacional, el género, la edad, las discapacidades, la condición social, las condiciones de salud, la religión, las opiniones, las preferencias sexuales, el estado civil, *el aspecto físico* o cualquier otra que atente contra la dignidad humana y tenga por objeto anular o menoscabar los derechos y libertades de las personas.

Una vez alcanzada la reforma constitucional, se podrán reformar o crear leyes secundarias puntuales que expliquen lo que son las modificaciones corporales. Entonces podremos aspirar a una legislación más completa que proteja este derecho de la personalidad.

---

12 *Idem.*

13 *Idem.*

V. Fuentes

1. Libros

Güitrón Fuentevilla, Julián, "Derechos de la personalidad", en Magallón Ibarra, Mario (coord.), *Compendio de términos de derecho civil*, México, Porrúa, 2004.

Gutiérrez y González, Ernesto, *El patrimonio: el pecuniario y el moral o derechos de la personalidad*, 5a ed., México, Porrúa, 1995.

2. Notas periodísticas

Aristegui, Carmen, "Deténganlo, deténganlo, se está metiendo al avióń... con brazos tatuados; era Panteón Rococó", *Aristegui Noticias*, 28 de mayo de 2014, http://aristeguinoticias.com/2805/kiosko/detenganlo-detenganlo-se-esta-metiendo-alavion-con-brazos-tatuados-era-panteon-rococo/.

3. Legislación

Constitución Política de los Estados Unidos Mexicanos.

Ley Federal para Prevenir y Eliminar la Discriminación.

Ley General de Salud.

4. Páginas de internet

Iniciativa que reforma los artículos 3o. y 133 de la Ley Federal del Trabajo, a cargo de la diputada Diana Patricia González Soto, del Grupo Parlamentario del PRI, *Gaceta Parlamentaria*, núm. 3248-VII, martes 26 de abril de 2011, http://gaceta.diputados.gob.mx/Black/Gaceta/Anteriores/61/2011/abr/20110426VII/Iniciativa-3.html.

Knock, Matthew K., "Self- Injury", *Annual Review of Clinical Psycology*, Estados Unidos, vol. 6, 2010.6:339–63, http://www.annualreviews.org/doi/pdf/10.1146/annurev.clinpsy.121208.131258.

Realizan en San Lázaro, Foro en contra de la discriminación de personas con tatuajes, Cámara de Diputados, Boletín núm. 4832, 15 de diciembre de 2014, http://www5.diputados.gob.mx/index.php/esl/Comunicacion/Boletines/2014/Diciembre/15/4832-Realizan-en-San-Lazaro-foro-en-contra-dela-discriminacion-de-personas-con-tatuajes.

IGUALDAD Y NO DISCRIMINACIÓN

Marcos Jair Rebollar Sánchez[1]

SUMARIO: I. DERECHOS DE LA PERSONALIDAD. II. IGUALDAD. III. NOTICIA. IV. FUENTES.

I. DERECHOS DE LA PERSONALIDAD

Uno de los fines del derecho civil es la protección de la persona. Tradicionalmente esta protección era encaminada a lo que la persona tenía (patrimonio económico), más no a lo que la persona necesita para satisfacer sus necesidades, es decir, se veía al sujeto solamente como una pieza más del engranaje jurídico, más no a la persona en sí misma.[2]

A partir del siglo pasado, la protección ya mencionada, comienza a extenderse hacia la esencia misma del ser humano; de este modo surge el estudio de los llamados derechos de la personalidad, los cuales son aquellos derechos que tiene todo individuo, concretamente una persona, por el sólo hecho de serlo, cuyo goce y ejercicio le permiten el respeto a su integridad y a su dignidad por parte de otros individuos, y del Estado, obteniendo de ese modo, un desarrollo integral dentro de la sociedad.

1 Estudiante de Derecho en la Facultad de Derecho en la Universidad Nacional Autónoma de México.

2 *Cfr.* Bustos Pueche, José Enrique, *Manual sobre bienes y derechos de la personalidad,* 2a. ed., España, Dykinson, 2008, pp. 15 y 16.

Las características de los derechos de la personalidad son las siguientes:

I. Originarios: pertenecen al hombre por el sólo hecho de serlo, es decir, la persona los tiene desde que nace.

II. Absolutos: son oponibles frente a todos, es decir, todos deben respetarlos.

III. Intransmisibles: sólo puede disponer de ellos el titular, y no puede transferirlos a otra persona.

IV. Irrenunciables: no se puede renunciar a ellos.

V. Inembargables: no tienen valor económico, por ello no están dentro del comercio, y no pueden ser objeto de explotación comercial.

VI. Imprescriptibles: no se extinguen con el paso del tiempo.

VII. Subjetivos: otorgan a su titular la facultad de reclamarlos mediante una acción jurídica.

VIII. Autónomos: son independientes de otros derechos.

IX. Extra patrimoniales o patrimoniales: esta última característica atiende a la interrogante de que, si los derechos de la personalidad se encuentran dentro del patrimonio o fuera de éste. Dependiendo de la teoría acerca del patrimonio, los derechos de la personalidad son extra patrimoniales (doctrina tradicional que los considera bienes sin valor económico) o patrimoniales (doctrina que los considera como bienes morales).[3]

La clasificación de los derechos de la personalidad —de conformidad con la doctora Elvia Lucía Flores Ávalos— puede hacerse en dos grupos: el primer grupo es el relativo a la integridad física de la persona, en el cual se incluyen la vida, las operaciones quirúrgicas, los tratamientos y exámenes médicos; la disposición del cuerpo y la libertad. El segundo grupo es el relativo a la integridad espiritual de la persona,

3 *Cfr.* Flores Ávalos, Elvia Lucía, *Responsabilidad civil derivada de las prácticas genéticas,* México, Porrúa-UNAM, 2011, pp. 103-106.

en éste se incluye a la igualdad, el honor, la imagen, la voz, la protección de datos personales, la publicidad, la identidad y la individualidad.[4]

II. Igualdad

Uno de los derechos de la personalidad que mencionamos dentro del grupo relativo a la integridad de la persona es la igualdad. Esta palabra, en el sentido que nos atañe es definida por la Real Academia de la Lengua Española como "conformidad de algo con otra cosa en naturaleza, forma, calidad o cantidad".[5]

La igualdad, aterrizada al plano humano, como derecho de la personalidad, nos permite establecer que, en efecto, todas las personas somos diferentes, porque tenemos características que nos hacen así, particularidades o situaciones, sean físicas, intelectuales, económicas, etcétera, que pueden ser muy evidentes, pero esto no quiere decir que esas diferencias puedan dar ventajas a unos sobre otros, porque para que exista verdaderamente el concepto de sociedad, esta debe tener una idea clara de lo que es la igualdad. Las diferencias ya mencionadas entre todas las personas se igualan a través de la ley del Derecho.

Como hemos visto en nuestros cursos de "Derechos Humanos y Garantías Constitucionales", se parte de la premisa de que todas las personas nacen iguales en oportunidades y derechos, por ello la igualdad aquí referida significa que para la ley, para el derecho, todas las personas son idénticas, por lo

---

4 Clasificación disponible en *ibídem* pp. 107 y 108.

5 "Igualdad", en *Diccionario de la lengua española*, 21 de agosto de 2015, consultado en: http://lema.rae.es/drae/srv/search?id=gIGTkwzwI-DXX2lCGvkJx.

que no debe haber algún trato preferencial o inferior basado en su condición socio-económica, política, religión, raza, credo, etcétera.

En nuestro país, este derecho se encuentra consagrado en el artículo 1o., párrafo V, de nuestra Constitución, al prohibir la discriminación, establece:

> Queda prohibida toda discriminación motivada por origen étnico o nacional, el género, la edad, las discapacidades, la condición social, las condiciones de salud, la religión, las opiniones, las preferencias sexuales, el estado civil o cualquier otra que atente contra la dignidad humana y tenga por objeto anular o menoscabar los derechos y libertades de las personas.

Asimismo, el artículo 2o. de la Constitución, en su apartado B, prevé la igualdad de oportunidades de los indígenas, que establece:

> La Federación, los Estados y los Municipios, para promover la igualdad de oportunidades de los indígenas y eliminar cualquier práctica discriminatoria, establecerán las instituciones y determinarán las políticas necesarias para garantizar la vigencia de los derechos de los indígenas y el desarrollo integral de sus pueblos y comunidades, las cuales deberán ser diseñadas y operadas conjuntamente con ellos.

El Estado debe asegurar en todo momento, a toda persona, a todo gobernado, el mismo acceso a los derechos y oportunidades, sin distinguir raza, sexo y/o condición económica, así como promover programas para erradicar el trato discriminatorio, que por las razones ya mencionadas, pudiese tener cualquier persona.

III. Noticia

A continuación presento una noticia acerca de un caso que vulnera el derecho de igualdad, la cual versa sobre discriminación, así como la solución que propongo:

> Reporta el Copred-DF aumento de discriminación laboral a mujeres embarazadas
>
> Sergio Pérez Trejo en *El Sol de México.*
>
> Ciudad de México. El Consejo para Prevenir y Eliminar la Discriminación de la Ciudad de México (Copred-DF) reportó ayer que de 2013 a la fecha, se han documentado más de 160 casos de mujeres embarazadas o en periodo posparto que han denunciado discriminación laboral, por el simple hecho de estar embarazadas o tratar de gozar de los derechos de protección a la maternidad en el trabajo.
>
> Se precisó que en 2013 las denuncias recibidas en dicho organismo de mujeres despedidas laboralmente por su embarazo fueron el 33.33 por ciento del total, mientras que en 2014 representaron el 48.19 por ciento, y en lo que va del 2015 ascienden al 35.38 por ciento de los casos.
>
> En sus tres años de labor, el Copred-DF ha detectado, comprobado y analizado como una de las principales problemáticas recibidas la que se refiere a la discriminación que sufren las mujeres en el ámbito laboral cuando se embarazan.
>
> Este preocupante panorama obligó al Copred-DF a elaborar el Informe "Discriminación laboral hacia la mujer en la Ciudad de México. Despido por embarazo". Se indicó que el Informe tiene el objetivo de ser una clara denuncia y, al mismo tiempo, una propuesta de políticas públicas a favor de las mujeres en condiciones reproductivas y con empleo.
>
> Otra finalidad de ese informe "es convocar a los empleadores y empleadoras a que asuman su responsabilidad social, dejando de lado su visión de las mujeres trabajadoras como

> objeto de intercambio comercial o de producción, para valorarlas en su calidad de personas".
>
> Finalmente, el estudio deja claro que quien las despida o las obligue a renunciar, o bien, les niegue sus derechos cometerá un delito. Y recuerda que la penalización al respecto es de uno a tres años de prisión, o de 25 a 100 días de trabajo en favor de la comunidad, o multa de 50 a 200 días, quedando claro que la conducta discriminatoria no se anula con el pago justo de la liquidación, pues el motivo de la pérdida del trabajo.[6]

Como punto final, propongo la siguiente solución para que cualquier mujer que se encuentre en esa situación, resuelva el problema por medio de la vía civil:

La mujer en esta situación sufre de discriminación por el hecho de estar embarazada, por lo cual posiblemente haya una afectación en sus sentimientos, afecto, y en menor medida, el aspecto físico, configurándose de ese modo el daño moral, que se consagra en el primer párrafo del artículo 1916 del Código Civil para el Distrito Federal.

Partiendo del principio de que "todo el que cause un daño está obligado a repararlo", contenido en el artículo 1910 del referido Código, debemos comenzar por demandar a quien resulte responsable mediante un juicio ordinario civil, exigiendo la reparación del daño a que hace mención el artículo 1915 y el segundo párrafo del artículo 1916, atendiendo los siguientes aspectos: si la mujer fue despedida, exigir la restitución de la situación anterior al daño, es decir, que regrese a su trabajo; de no ser así, considero justo que se haga un pequeño proyecto de vida durante la etapa del embarazo y la

6 Pérez Trejo, Sergio, "Reporta el Copred-DF aumento de discriminación laboral a mujeres embarazadas", *El Sol de México*, 20 de agosto de 2015, consultado en: http://www.oem.com.mx/eloccidental/notas/n3906183.htm.

etapa post parto para que de ese modo se calcule el monto de la indemnización, que la mujer reciba ayuda para los gastos médicos. En caso de que ninguna de las dos soluciones anteriores se lleve a cabo, debemos esperar a que las pruebas nos puedan ayudar para exigirle al Juez que, en términos del cuarto párrafo del artículo 1916, pueda calcular una indemnización, tomando en cuenta que el derecho lesionado ha sido el de igualdad.

Es importante destacar que no se debe ver a esta indemnización como un premio para quien sufre el daño, ni como un negocio, pues la finalidad de ésta es, en cierta manera, sancionar a quien incurre en un daño y así cumplir con el principio previamente establecido: "Todo él que causa un daño está obligado a repararlo".

IV. Fuentes

1. Libros

Bustos Pueche, José Enrique, *Manual sobre bienes y derechos de la personalidad*, 2a. ed., España, Dykinson, 2008.

Flores Ávalos, Elvia Lucía, *Responsabilidad civil derivada de las prácticas genéticas*, México, Porrúa-UNAM, 2011.

2. Notas periodísticas

Pérez Trejo, Sergio, "Reporta el Copred-DF aumento de discriminación laboral a mujeres embarazadas", *El Sol de México*, 20 de Agosto de 2015, consultado en: http://www.oem.com.mx/ eloccidental/notas/n3906183.htm.

3. Legislación

Constitución Política de los Estados Unidos Mexicanos

Código Civil para el Distrito Federal

4. **Páginas de internet**

"Igualdad", *Diccionario de la lengua española,* 21 de agosto de 2015, consultado en: http://lema.rae.es/drae/srv/search?id=gIG-TkwzwIDXX2lCGvkJx.

DERECHOS DE LA PERSONALIDAD. NO DISCRIMINACIÓN

Cristian Daniel Ávila Jiménez[1]

SUMARIO: I. DEFINICIÓN DE DERECHOS DE LA PERSONALIDAD. II. OBJETO DE LOS DERECHOS DE LA PERSONALIDAD. III. CARACTERÍSTICAS DE LOS DERECHOS DE LA PERSONALIDAD. IV. PROTECCIÓN A LOS DERECHOS DE LA PERSONALIDAD. V. DERECHO A LA IGUALDAD. VI. NOTICIA. VII. FUENTES.

I. DEFINICIÓN DE DERECHOS DE LA PERSONALIDAD

Podrían definirse como los derechos que se tienen sobre sí mismo. Algunos autores los definen como: "Los derechos de la personalidad son los que garantizan el goce de nosotros mismos, aseguran al individuo el señorío de su persona, la actuación de sus propias fuerzas físicas y espirituales",[2] "son aquellos derechos que conceden un poder a las personas para proteger la esencia de su personalidad y sus más importantes cualidades".[3] Aquellos que tienen por objeto "los bienes constituidos por determinados atributos cualidades físicas o morales del hombre, individualizados por el ordenamiento jurídico".[4]

1 Estudiante de Derecho en la Facultad de Derecho y prestador de servicio social en el Instituto de Investigaciones Jurídicas en la Universidad Nacional Autónoma de México

2 Ferrara, Francisco, *Tratado di Diritto Civile 1*, Italia, p. 389.

3 De Castro y Bravo, Federico, *Apuntes de derecho civil español común y foral, Parte General*, España, 2a ed., s.a., p. 268.

4 Castañán Tobeñas, José, "Los derechos de la personalidad", *Revista General de Legislación y Jurisprudencia*, España, julio-agosto de 1952, p. 23.

Después de estas definiciones proporcionadas por distintos civilistas, podríamos resumir que los derechos de la personalidad se consideran como las facultades que la ley reconoce a las personas físicas para el aprovechamiento de valores derivados de su propia esencia, y de cualidades particulares, desarrolladas en su individualidad, y en general de proyecciones espirituales, materiales y sociales que surgen, y se deben respetar por todo medio en que dichas personas participan.

II. Objeto de los derechos de la personalidad

Hay ciertos atributos de la personalidad que quedan objetivados y se les considera bienes jurídicos, y por lo tanto, como materia de derechos subjetivos; de esa forma, hay un poder o derecho sobre ese atributo, por ejemplo, el nombre, que resulta como derecho al nombre.

Podríamos decir que el objeto del derecho de la personalidad no es la personalidad misma, sino el atributo; sin embargo, el objeto de los derechos de la personalidad es garantizar y proteger a la persona contra posibles ataques que los terceros.

El profesor Galindo Garfias menciona:

> Por otra parte, no debe perderse de vista que los derechos de la personalidad se refieren a un complejo de bienes, de valores que el derecho protege en razón de la persona pero su objeto no recae en la persona misma... Además encontramos que ese conjunto diversificado de valores o de bienes constituyen el contenido del concepto jurídico "personalidad" que no es simplemente la aptitud para adquirir por sí mismo derechos y obligaciones.[5]

5 Galindo Garfias, Ignacio, *Derecho civil: primer curso,* México, Porrúa, 27a. ed., 2012, p. 330.

III. Características de los derechos de la personalidad

Los derechos de la personalidad tienen las siguientes características:

- Originarios.
- Personalísimos.
- Innatos.
- Absolutos (*Erga Omnes*).
- Irrevocables.
- Extramatrimoniales.
- Imprescriptibles.

IV. Protección a los derechos de la personalidad

Independientemente de que se puedan pedir castigos a los delincuentes por vía penal, en la vía civil existe una manera para exigir compensaciones por el daño causado. Los derechos de la personalidad, como ya se dijo anteriormente, ponen acento en el deber de respeto a cargo de terceros: no se presentan únicamente como meras normas declarativas, sino que la segunda nota distintiva de tales derechos de la personalidad consiste en que su violación es fuente de la obligación de compensar el daño moral causado a la víctima, conforme a lo dispuesto en el artículo 1916 del Código Civil.

V. Derecho a la igualdad

Se refiere a que nadie puede sufrir de discriminación por ningún motivo. Pero que es discriminación ya que no podemos pedir que una persona sea tratada igual a otras aunque algo en su condición no se lo permita o se necesite de un permiso especial. En conclusión, se puede hablar de discriminación cuando en circunstancias no justificables se trata de manera distinta a una persona en su perjuicio.

En México existe el Consejo Nacional para Prevenir la Discriminación y la Ley Federal para Prevenir y Eliminar la Discriminación; sin embargo, tanto el consejo como la ley son de mero carácter preventivo y no ayudan a sancionar los casos de discriminación que se suscitan, dando como resultado que, por ejemplo, los casos en donde un establecimiento discrimina a alguien, la sanción es una multa, que como sabemos es de carácter administrativo y no una "compensación o reparación" el daño.

Es común, entonces, que el verdadero ofendido quede sin reparación alguna. He aquí cuando podría alegarse el daño moral, porque, obviamente, las personas que sufren de discriminación de cualquier tipo, pueden fácilmente entrar en el supuesto del artículo 1916 del Código Civil, ya que podría argumentar que se le afecto psicológicamente al menospreciársele por alguna situación.

VI. Noticia

Despiden a mujer por ser madre

Sábado 14 de marzo de 2015

El Universal

Sentada frente a un escritorio y con una recién nacida en brazos, el contador de la empresa donde laboraba sacó una carpeta y le dijo: "A partir de este momento tú ya no trabajas para nosotros".

Minutos antes, Liliana llegó a la cita con el hombre, en el entendido de que le entregaría una carta para inscribir a su hija en la guardería. Ella la había solicitado tres meses antes.

Sin carta, ahora ya sin prestaciones y con otro hijo esperando en casa, Liliana preguntó la razón de su despido. "Es que no te vamos a dar nada, ya no trabajas aquí y eso es todo lo que me dijeron", fue lo único que escuchó antes de salir de esa oficina.

En mayo de 2014, dos meses antes de este episodio, comenzó el conflicto para Liliana Gómez. Un día después de dar a luz dejaron de depositarle el pago de su quincena porque la empresa tenía problemas con el IMSS; las tres semanas siguientes buscó una aclaración, pero no hubo respuesta.

Cuando por fin la reincorporaron, terminados los 42 días de licencia por maternidad, el supervisor del área donde ella trabajaba, comenzó a ignorarla.

Liliana trabajaba como siempre, pero cada quincena sólo recibía el 10% del salario que antes recibía. "Me sentía desesperada. Mi esposo acababa de perder su empleo y teníamos que comprar pañales y cosas de la escuela a mi otro hijo de 8 años. Tuvimos que irnos a vivir a la casa de los papás de mi marido", comenta esta mujer, cuyo caso es uno más de discriminación laboral por género en el DF.

Como el de Liliana, datos del Consejo para Prevenir y Eliminar la Discriminación de la Ciudad de México reflejan que de las 193 quejas atendidas durante el 2014, existen alrededor de 85 casos por despido durante el embarazo, 13 por discriminación de género y siete de discriminación por maternidad y lactancia, cuando las mujeres se reincorporan a trabajar.

Después de la campaña sobre los derechos laborales que tienen las mujeres embarazadas, realizada en noviembre del 2013 por Copred, se incrementó la denuncia por discriminación de género. Se comprobó que las empresas no sólo despedían a mujeres embarazadas, sino también a quienes pedían días de cuidado a neonatos.

"Una compañera me comentó que el supervisor dijo que me iba a correr porque según él, yo estaba embarazada", explica Liliana.

Desde los 22 años, Liliana trabajó mediante "outsourcing" en una empresa dedicada a las ventas por televisión.

"El sueldo base, mil 500 a la quincena, más las comisiones. Pero con una falta te descontaban la mitad y con dos no tenías derecho al bono, aunque llegaras a tu meta de venta que era de 180 mil pesos".

Antes de su despido, Liliana acudió a la Procuraduría para la Defensa del Trabajo, donde le comentaron que si no la despedían injustificadamente, la Procuraduría no podía hacer nada. "Me dijo que ese tipo de empresas así se manejaban. Me sacó una cotización y me dijo que sólo me tocaban como mil pesos".

De acuerdo con el artículo 6 de la Ley para Prevenir y Eliminar la Discriminación del Distrito Federal, queda prohibido cualquier forma de discriminación, considerando como conducta discriminatoria el condicionar, limitar o restringir las oportunidades de empleo, permanencia o ascenso laboral en razón de embarazo o discapacidad, además de convenir diferencias en la remuneración y prestaciones laborales a causa de discriminación.

Conocer las prestaciones que ofrece la empresa es el primer paso para la protección en caso de despido injustificado. Sólo se tienen 60 días para demandar en la Procuraduría de la Defensa del Trabajo y un año para acudir al Copred en caso de ser víctima de discriminación.

La pasada nota es algo muy común, tristemente, una mujer que es despedida porque tendría que recibir consideraciones y prestaciones especiales por ser madre.

Probablemente pueda haber una acción por la vía laboral, sin embargo, por la vía civil y apoyándome en el artículo 1916 pediría que se diera una compensación en dinero, porque a través de una conducta ilegal (por ir en contra de lo que la ley para prevenir la discriminación establece) generó un daño en la vida de la mujer, o la integridad psíquica de la misma, al hacerla sentir menos por el simple hecho de ser madre, y sentir la desesperación de no tener recursos para mantener a la familia. Esta reparación debe de ser paralela a la liquidación, y todo lo que la ley establece al ser despedida.

Esto último, si es que la mujer decide salir de la empresa, porque podría pretender que la restituyeran al puesto que tenía antes de despedirla.

Hay que pedir obviamente, si es que se restablece el trabajo, que se le pague, también lo que dejó de percibir mientras no laboraba; es decir, su salario. Si decide irse, podría pedir que se le entregue una carta de buenas referencias. Obviamente, los gastos y costas del juicio.

VII. Fuentes

1. Libros

Castán Tobeñas, José, "Los derechos de la personalidad", *Revista General de Legislación y Jurisprudencia*, España, julio-agosto 1952.

De Castro y Bravo, Federico, *Apuntes de Derecho Civil Español Común y Foral, Parte General,* España, Civitas, 2ª. ed., 1976.

Ferrara, Francisco, *Tratado di Diritto Civile Italiano, 1*, Italia, 1921.

Galindo GarFias, Ignacio, *Derecho Civil primer curso*, México, Porrúa, 27a ed., 2012.

2. Legislación

Código Civil para el Distrito Federal.

Este libro se terminó de imprimir en el mes de junio de 2018 en Ciudad de México. El tiraje consta de 100 ejemplares.